Quelques Mots

SUR

SANTENY

(Seine-et-Oise)

Par ALEXANDRE LESEUR

Imprimerie E. THOMAS, à Brie-Comte-Robert

Magasins Place du Marché

Ateliers 23, Rue de l'Eglise et 1, Place de l'Hôtel-de-Ville

1902

À ma petite Denise chérie j'offre
cet ouvrage.

" Lorsque tu seras plus grande tu le liras
avec intérêt car il contient l'histoire du
petit village où tu fis tes premiers pas

Je désire qu'il soit pour toi un gage
de ma profonde et bien tendre affection

Lesueur

1ᵉʳ Novembre 1902.

Quelques Mots

SUR

SANTENY

(Seine-et-Oise)

Par Alexandre LESEUR

Imprimerie E. THOMAS, à Brie-Comte-Robert
Magasins : Place du Marché
Ateliers : 23, Rue de l'Église et 1, Place de l'Hôtel-de-Ville

1902

NOTES HISTORIQUES

SUR

SANTENY

La position seule de Santeny attire les regards lorsqu'on traverse, en chemin de fer, la plaine qui s'étend entre Villecresnes et Brie-Comte-Robert. Si de plus près, on examine le village, il n'est pas difficile d'émettre l'opinion qu'il dût être d'une certaine importance aux siècles précédents.

Il ne reste pourtant rien ou presque rien de ce que les hommes avaient élevé, en châteaux, églises ou monuments divers, dans le passé ; mais le côteau, au bas duquel coule le Réveillon, qu'on appelait autrefois le Rouillon, la fertilité du sol, les bois prochains forment un cadre tout désigné pour que l'activité humaine s'y soit donné pleine carrière.

Si les monuments font défaut pour faire revivre la vieille localité, il nous reste des documents, malheureusement épars, incomplets, mais à peu près suffisants pour fixer l'attention et se faire une idée des transformations qu'a subies le pays.

Il faut même rendre justice à M. Martin, instituteur, qui a précédé M. Luce en ces fonctions. Grâce à lui, une partie des archives de la commune ont été sauvées d'une destruction ou d'une disparition complète. Le maire de l'époque, dont l'acte suffit à le faire juger, ordonna que les documents historiques dont s'enorgueillissait la commune fussent jetés aux ordures « n'étant, disait-il, que des paperasses inutiles. » M. Martin parvint heureusement à en recueillir un certain nombre. Sans l'intelligente initiative de ce modeste fonctionnaire, il n'existerait plus rien de ces souvenirs du passé.

Des vieilles archives, la plus âgée, la plus respectable jette un singulier jour sur l'état de la contrée au commencement du XIIᵉ siècle. Il semble qu'une vaste association de brigands, bandits et voleurs qui se décoraient du titre de chevaliers (milites) aient exploité toute la banlieue de Paris depuis la Seine jusqu'à la Marne et particulièrement entre Athis et Lagny. Les forêts épaisses qui couvraient le sol devaient favoriser étrangement les exploits de ces nobles du temps.

Comment ces preux de grand chemin vinrent-ils à résipiscence? Cédèrent-ils à la force? Ecoutèrent-ils de sages conseils? L'histoire ne le dit pas, Elle enregistre seulement en un document de 1138 que ces « laïques » opérèrent une « restitution » entre les mains d'Etienne de Senlis, évêque de Paris. Cette restitution ne portait pas sur moins de dix paroisses, parmi lesquelles celle de *Santeny*, Montgeron, Villabé, Lieusaint, Cramayel, Servigny, *Altaribus* (ou des autels), etc.

A cette époque, l'abbaye d'Yères venait d'être fondée. Etienne de Senlis lui donna, au nom de ces laïques, les les sommes et fondations ainsi restituées.

Une fondation, d'une origine à coup sûr plus avouable, vint s'ajouter peu après aux précédentes. Elle était également prise sur la dîme de Santeny (*in decima de centeniaco*) et consistait en un muid de grains donné par Petronille, religieuse d'Yères.

Je crois, avant d'aller plus loin, nécessaire de faire remarquer que *Centeniacus* semble avoir été la première manière d'écrire Santeny. C'est de là que sont sorties les étymologies de de Valois et de l'abbé Chastelier.

Le premier a émis l'idée que Santeny pouvait être le lieu habité par un romain du nom de Centenius; le second a imaginé que Centeniacus ne faisait qu'exprimer la distance de Cent (centum) stades qui séparent Santeny de Paris.

On trouve plus tard (XVᵉ siècle) la forme *Centeignacum* puis *Santolium*.

Je ne me hasarderai pas à présenter, en un sujet aussi épineux, une opinion quelconque. Du reste, quoique l'abbé Lebeuf ait, avec Cocheris, penché pour l'hypothèse de de Valois, on n'est pas plus avancé aujourd'hui. Je ne peux pas pourtant ne pas mentionner la thèse présentée par M. G. Buffier, qui avait entrepris de réformer, en se basant sur le Celte, toutes les idées étymologiques reçues jusqu'à ce jour en ce qui touche les villes et localités nous avoisinant. M. Buffier donnait à Santeny une étymologie topographique et le faisait découler du celte *Sandeny*, affirme-t-il, par le durcissement fréquent du *d* en *t Sandeny* voulant dire herbe du fond et géographiquement, déclare M. Buffier, s'applique à Santeny « au fond de la vallée du Réveillon. »

Ce qui est certain, c'est que le *Centeniacum* du mo-

yen âge est devenu Santeny, la lettre C ayant été rem-
placée par la lettre S, « on ne sait positivement en quel
temps. »

J'ai cependant entendu soutenir cette version qu'il
faudrait voir dans Santeny (*Sanctus Antonius*) et il était
donné comme argument en faveur de cette assertion,
l'exemple de Boussy-Saint-Antoine, voisin de cette localité.

Je laisse à plus expert le soin de démêler ce qu'il
peut y avoir de vrai dans ces hypothèses diverses et plus
ou moins hasardées.

Santeny semble avoir été une des premières propriétés dont l'ordre des Templiers ait joui dans l'Ile-de-
France. Peut-être ceux-ci s'y installèrent-ils des les premières années de leur fondation qui remonte, comme on
sait, au commencement du XIIe siècle.

Il semblerait qu'ils aient été appelés par une famille
de l'époque, les Maréchal, dont le nom se retrouve dans
l'état de la dime du pays. Leur maison « la maison du
Temple » occupait un espace, dit l'abbé Lebeuf, entre le
grand chemin et le ruisseau, don de la famille Maréchal.

Ce n'est qu'en 1236 qu'on voit apparaitre le premier
membre de cette famille. Il s'agit de Pierre Maréchal de
Santeny (*Petrus Marescalis de Centeniaco*) qualifié de
Miles (chevalier). Pierre Maréchal déclare, dans le document qui porte cette date, que l'abbé et le couvent d'Hiverneaux, à Lésigny (*abbas et conventus ecclesie Beate
Marie de Yvernelli*) ont coutume, depuis plus de cinquante ans, de prélever sur la dime de Senteny deux se-
tiers de grains que feue Petronille, sa mère, leur a légués.
Il approuve cette donation.

Cette Petronille est, peut-être, la même dont j'ai
parlé plus haut, qui grossissait les libéralités faites à
l'abbaye d'Yères par l'évêque de Paris.

Il semble qu'elle ait été la fille de Louis de la Tournelle (*Ludovicus de Tournella, miles*), en 1150, en possession du fief des Lyons, à Santeny, qui, sur le cens de cette localité donnait cinq sols parisis de rente, à la même abbaye d'Hiverneaux.

Une donation contemporaine (1235) me paraît pouvoir être rattachée à la même famille. (*Guillelmus vicecomes, armiger*) Guillaume le vicomte et sa femme, Gile (*domicella Gila*), donnent aux frères de la maison du Temple, à Paris, « en pure et perpétuelle aumône, afin de participer aux bonnes œuvres qui seront faites dans la maison du Temple, la dime (*de altaribus*) des autels, sise à Centeny et la dime de Centeny (*ad marescalos*) ce que l'on peut traduire « aux maréchaux. » Je serai cependant tenté d'y voir la propriété, le fief appartenant « *aux Maréchal* », d'où on pourrait conclure que le Guillaume précité faisait partie de cette famille.

Au surplus il nous faut encore enregistrer une libéralité nouvelle de Pierre Maréchal qui, avec sa femme Odeline, donna, en 1248, au monastère de St-Maur-les-Fossés, une dime de vin à Senteny et, en 1265, gratifie semblablement le prieur de Marolles.

Ce sont les biens (bois, terres, ferme et fiefs) de ce même Pierre Maréchal qui furent donnés au prieuré du Temple et c'est dans la prairie du fond que s'éleva la maison du Temple.

Quelques années plus tard, Guillaume Bataille, chevalier(1), et Isabelle, sa femme, vendent au trésorier et aux frères du Temple, le manoir de la Motte, sis à Senteny, les fossés, tout le pourpris avec le four, sauf la sixième partie de plusieurs quartiers de terre, cens et rentes assis sur des héritages sis à Santeny. Les Tem-

---

(1) Par sentence de l'Official de Paris (1286), sur la recommandation de maître Guy de Louvres, clerc, mandataire du prieur de Marolles, ce même Guillaume Bataille est condamné à restituer dix sols parisis, qu'il avait reçu pour le compte du prieur, à la St-Denis précédente, pour le cens dit « Aux Mareschaux », à Senteny.

pliers commençaient à arrondir leurs propriétés ; déjà même ils rayonnaient aux alentours.

En 1191, Ansel de Garlande (*Ansellus de Garlanda*), du consentement de Jean, son frère, donnait en aumône aux frères du Temple une place vague, sise auprès de Tournan (*plateum apud Turnomium*), à l'effet de construire une maison. Cette place située entre le pont de Tournan et la maison d'Hilduin, le forgeron (*inter pontem Turonii et domum Hildui fabri*) a une étendue de quinze toises de large sur cinquante de long. Ansel, par le même acte, renonçait à tout droit de justice (*nec vicariam nec ullam justiciam*) à moins qu'il ne s'y trouve de ses serfs.

On verra plus tard que cette maison (dite de l'Hôtel du Temple, à Tournan), relevait de la seigneurie de Santeny.

Ansel ou Anseau de Garlande qui était sur le point de partir pour la croisadè (1265) donne à la même époque aux frères de l'hôpital de France quatre hommes, quatre serfs, avec leurs hoirs : Oudet Toquei, Jacquet Lefil, Huecon de Possesse et Milet, son sergent « à la condition que si le dit seigneur venait à mourir dans le voyage eñ terre sainte, ces quatre hommes seraient affranchis. »

En 1290, Jeanne, comtesse de Blois et dame de Brie (*domina de Braya*), veuve de messire Pierre, fils du roi de France (Louis IX), comte d'Alençon et de Blois, amortit en faveur du trésorier et des frères du Temple, à Paris, moyennant la somme de mille livres parisis, les fiefs et arrière-fiefs, situés à Santeny, qui relevaient de la dite dame, à cause de Brie.

A ce moment, les Templiers étaient en pleine prospérité, leur ordre possédait des richesses considérables. A Santeny, ils occupaient la première place et se qualifiaient de seigneurs de Senteny. Ils jouissaient de la haute, moyenne et basse justice du lieu et de certains droits honorifiques dans l'église paroissiale, de revenus consistant en prés, terres, jardins, dîmes, cens et rentes de bois.

On sait quelle catastrophe anéantit cet ordre et le procès fameux intenté à ses membres. Les biens des Templiers à Santeny passèrent aux chevaliers de Malte, qui furent, comme les frères de l'ordre du Temple, seigneurs de Senteny.

Les archives contiennent l'état des cens perçus à Centeny en 1372, par Laurent Rapin, procureur du Grand Prieur de France. Elles apportent cependant l'indication que le territoire n'était pas tout entier dans leurs mains. On voit, par exemple, en 1350, Jacques le Duc, laboureur à Marolles, vendre à Hilaire de Brion, divers lieux qu'il possède à Santeny.

D'autre part, on y trouve la preuve que frère Jehan de Culdre, religieux de Saint-Denis et prieur de Notre-Dame-des-Champs, à Essonne, possédait également, en 1403, des dîmes à Santeny. « C'est assavoir, dit le document que je vise, pour cens non payez cinq sols parisis d'amende et pour ventes recellées plus de huit jours soixante sols parisis d'amende... »

Et pour la première fois, vers 1417, apparaissent les fiefs d'Ormoy et de Montanglos, situés aux environs de Senteny et mouvants des seigneurs de ce lieu, dans un acte de foy et hommage rendu d'abord à Pierre Rivière, par Pierre Ager, écolier, au grand prieur de France, par Antoine de Genevois. C'est à coup sûr le fils de ce dernier, Jean de Genevois, lieutenant général du baillage de Chaumont, que nous trouvons, en 1482, marié à Anne Briçonnet. Celle-ci est qualifiée de dame de Centeny, de Couvray, d'Ormoy et de Montanglos, et, à ce titre, elle cède à bail, quelques années après, à Claude Sanguin(1), bailli de l'artillerie et seigneur du fief du Colombier et de la Motte à Centeny, cent un arpens de bois taillis dit bois d'Orléans à Centeny, moyennant un denier de cens par arpent.

Qu'on me permette ici d'ouvrir une parenthèse sur cette famille Sanguin qui fut, au XVe siècle, une des plus importantes de la région.

Guillaume Sanguin appartenait à la finance; il était qualifié de changeur et de bourgeois de Paris. Son fils, Guillaume, son frère et son beau-frère furent ennoblis par lettres patentes du 22 décembre 1400. Guillaume prit la suite des affaires de son père, ce qui ne l'empêchait pas d'occuper une charge à la cour. Ces riches bourgeois avaient dû rendre d'importants services financiers. Toujous est-il qu'on trouve, en 1412, Guillaume Sanguin, qualifié d'écuyer, et remplissant les fonctions d'échanson du roi. Comme beaucoup de bourgeois de l'époque, Guillaume Sanguin ne dédaignait pas de sortir de son comptoir pour ceindre l'épée. Jean de Précy nous apprend que Guillaume servit dans l'armée que le duc de Bourgogne réunit pour aller devant Bourges. Le duc de Bourgogne était à ce moment, une grosse puissance, rivale du roi de France et en passe, peut-être de le supplanter. Guillaume Sanguin crut devoir mettre sa fortune à sa disposition et le voilà banquier du grand seigneur, peut-être du souverain de demain. Le grand seigneur lui donna en échange le titre de maitre d'hôtel de sa maison et, en même temps, les moyens de se rembourser amplement de ses prêts.

C'est ainsi que Guillaume Sanguin acheta les terres de Maffliers, de la Malemaison, de Bethemont, de Chauvry, d'Ormesson, de Meudan, de Rademont, de Courquetaine, etc.

Fut-il marié? On l'ignore, mais il eut deux enfants : Jean, né vers 1392 et légitimé en 1401, qui devint seigneur de Villemenon et de plusieurs autres fiefs. en particulier du fief du Four, à Brie-Comte-Robert. Une fille, Perrette, qui devint dame de Chauvry.

---

(1) Ce Claude Sanguin fut élu échevin de Paris, le 16 août 1523, puis bailli du Louvre. Il portait d'azur à une bande d'argent accompagné en chef de trois glands d'or et en pointe de deux pattes de griffons d'or posées en bande. (Armor. Gén. t. I, p. 501.

On voit par cet aperçu l'énorme importance que prit rapidement cette famille dont les rejetons tenaient tout le territoire de Marolles à Courquetaine et étaient en possession d'un très grand nombre de riches fiefs.

Les armes des Sanguin étaient d'argent à la croix endentée de sable, cantonnée de merlettes de même.

Au surplus, pour en revenir à Santeny — Centeny si nous voulons respecter l'orthographe d'alors — un grand nombre de personnes se disputaient ses dîmes, ses revenus, faudrait-il dire en langage courant. D'où il faut conclure à la richesse extrême du sol, à sa fertilité et à l'abondance de ses produits.

Si l'on s'en rapporte à l'intitulé d'un cueilleret de 1507 dressé par Jehan Renou, procureur et receveur de la seigneurie, on voit que l'ordre de Saint-Jean de Jérusalem — par organe du frère Chabot, grand prieur de France — y possède « de beaulx droits, comme haulte justice, moyenne et basse et plusieurs beaulx fiefs et arrière-fiefs mouvants du dit seigneur, à cause de la dicte seigneurie de Centeny, etc., etc. »

Mais, d'autre part, un religieux de St-Denis, prieur de N.-D.-des-Champs, à Essonnes, le frère Jean Culdre, déclarait posséder « une dîme à Centeni ». Le curé de Villecresnes élevait des prétentions semblables. Le premier, il est vrai, nous dit une déclaration de 1403, devait sur les dîmes qui lui appartenaient à Centeni, Villecresnes, Mandres et Périgny « rendre et payer au curé de Brunoy trente trois septiers de grains, les deux tiers en bled, l'autre tiers en orge et avoine et un muid de vin et au curé de Villecresnes vingt-sept septiers et une mine, les deux tiers en bled, l'autre orge et avoine et un muid de vin. »

On voit par ces quelques chiffres combien était embrouillée la perception des impôts de l'époque et à

quelles étranges confusions devait aboutir la répartition
de leur produit. Aussi ce fut une source continuelle de
procès qui restèrent pendants, de longues années, et
n'eurent leur solution, et quelle solution! que dans les
siècles suivants.

Ce n'était d'ailleurs pas la multiplicité des percep-
tions, des ayants droits qui gênaient ainsi l'action fiscale,
mais c'étaient aussi les engagements, les délégations,
cessions ou anticipations dont nous avons peine à nous
faire une idée. Voici par exemple, en 1403, un engagement fait par Guillaume Braulth envers François de
Bryon, commandeur de l'ordre de Malte, à Centeni, de
lui fournir huit muids de grains pour « moissons des
grandes dîmes »; une obligation souscrite par Jean le
Boulanger et par René de la Danyère de payer à Pierre-
François de Bryon, seigneur usufruitier de Centeni,
quarante et un escus six sols tournois pour fermage des
grosses dîmes du lieu. »

Dans le même ordre d'idées, il me faut bien relever
cette sentence du Châtelet de Paris portant appointement
entre les parties qui sont : les chanoines de St-Thomas-
du-Louvre (à Paris), demandons contre Philippe de Giresne, dit Cordelier, seigneur de Centeni, établissant que
les dits chanoines avaient le droit de prendre sur la
dîme de Centeni, dont le sieur Giresne était propriétaire,
quatre muids de grains. Il est vrai que l'autorité royale
vient, dans une faible mesure, amender ici les exigences
des susdits chanoines « mais sans nuire, dit le document
royal, aux gens d'Eglise. » Le sieur de Giresne avait
perdu deux fils dans la guerre aux Anglais, en considé-
ration de quoi, Charles VI, par lettres du 16 may 1416,
accordait à ce seigneur un répit d'une année pour le tri-
but qu'il devait aux chanoines de St-Thomas-du-Louvre.
Ceux-ci ne lâchèrent d'ailleurs pas leur proie et, en 1482

— on était loin alors de la guerre aux Anglais — Philippe de Giresnes dit Cordelier, était condamné, par sentence du Châtelet à payer une rente de quatre septiers de grains au chapitre de St-Thomas-du-Louvre.

C'est en étudiant les déclarations motivées par la perception des dimes que l'on remarque parmi les principaux propriétaires du XIe siècle, à Centeni, M. de Villemenon, écuyer, représenté parfois par Christophe Pinet, Mathieu de Villereuse, écuyer de cuisine de Mgr le duc d'Orléans, Me Guillaume Bonneil, général des monnaies, auquel appartenait la ferme du Marais, et une certaine demoiselle Marion l'Auvergnate en compagnie d'un couturier de la Cour, qui fait pour la première fois son apparition en 1473, nommé Michault Ausenne et qui loue au grand Prieur une masure et soixante perches de terre en échange de douze sols parisis de cens annuels.

Nous ne quitterons pas le XVe siècle sans constater que les habitants devaient, alors, la garde d'un château appelé la Maison Blanche et qu'en 1470, Pierre Dumoulin, bailli de Centeni, donnait au premier sergent, commission d'obliger les riverains à nettoyer et curer les fossés du château. On en a conclu que Centeni était châtellenie; ce serait assez ma manière de voir.

Ce n'est certes pas là, cependant, un titre de gloire pour notre localité; tout au plus cette constatation prouverait-elle son importance dans l'assiette administrative de l'époque. Mais c'est avec une réelle fierté et un plaisir non dissimulé que j'enregistre l'existence d'une école de filles, à Centeni, dans les toutes premières années du XVIe siècle.

Ce n'est que plus tard, mais toujours au XVIe siècle, en 1566, que nous apparait une école de garçons. A cette époque, en effet, nous retrouvons une autorisation donnée à Jacques Fortin, marguillier et à ses successeurs, de payer cent sols tournois de gages par an, au maître d'écoles de Senteny.

Il y a dans ces deux faits un indice de développement intellectuel et d'émancipation morale dans la population qu'il importait de signaler. Peut-être même certaines idées d'indépendance germaient-elles chez nos ancêtres. C'est un fait minuscule qui tendrait à le prouver, mais est-il possible de recueillir, dans le passé, autre chose à ce sujet? C'est le plumitif du greffe de la justice et châtellenie de Santeny qui me fournit cette réflexion. Il s'agit d'une chose qui, de nos jours, prêterait à peine à un léger reproche mais qui, à l'époque, avait une grosse importance. Un jeune garçon, Pierre Marin — son nom vient ainsi jusqu'à nous — avait enlevé la serviette à essuyer les mains quand on a donné le baptême aux petits enfants. C'est un procureur fiscal, Guillaume Brault, qui vient faire cette déclaration et il ajoute qu'il a souffleté *pendant la grand'messe* (sic) cet enfant pour cela et parce qu'il avait commis dans l'église diverses insolences. Si l'on songe qu'en 1569, on était en pleine guerre civile et religieuse, que la Réforme à quelque distance de là, à Brie-Comte-Robert, avait excité une sorte de sédition que l'un des Réformés illustres de l'époque, Charles Dumoulin, appartenait à une famille autochtone que nous retrouverons tout à l'heure, faut-il seulement voir dans l'acte du jeune Pierre Marin, une gaminerie. Je serai plutôt porté à croire, avec le développement de l'instruction, tel qu'il nous apparaît à Senteny pendant ce siècle courant, avec l'état des esprits que je viens de signaler et les circonstances ambiantes que c'est presque l'expression de la mentalité d'une partie de la population que nous révèle le geste du jeune Pierre Marin. Et d'ailleurs, s'il en eût été autrement, un procureur fiscal, un magistrat, se serait-il laissé aller à frapper un enfant au milieu de la messe !

Nous voyons ces choses de loin, et il nous faut parfois faire un effort pour ramener notre esprit à la situation et aux préoccupations de l'époque. L'irritation du procureur fiscal, Guillaume Brault, avait sa source probable dans l'évolution religieuse qui s'accomplissait sous ses yeux, détachant du giron de l'Eglise, dont il devait être un pieux et fervent sectateur, des âmes déjà rendues indépendantes par l'instruction.

Quant à la famille Dumoulin dont je viens de parler, son existence n'est pas contestée. Le Pierre Dumoulin, que nous avons rencontré plus haut, bailli de Centeni en 1470, se rattache fort probablement à cette famille dont un des chefs nous apparaît sûrement dans Jacques Dumoulin (échevin du roy), seigneur de Servon et de la Borde-Grapin, faisant, en 1557, l'acquisition d'une maison à Senteny, moyennant 15 sols 5 deniers de cens sur Marie Lefebvre, veuve de Christophle Espaut, conseiller au Parlement. Ce Jacques Dumoulin avait épousé Marguerite Hébert ou Herbert, d'après les épitaphes de Servon, rapportées par l'abbé Lebeuf, dans son Histoire de la ville et du diocèse de Paris. Disons en passant que la tradition veut que cette Marguerite Herbert fut la tante de Anne de Boleyn, femme de Henri VIII, roi d'Angleterre et mère de la célèbre Elisabeth. En ce qui touche Charles Dumoulin, qui appartenait à cette famille, on sait ses démêlés avec les calvinistes qu'il abandonna pour se rallier à la confession d'Augsbourg, ce qui valait pour les premiers, une apostasie. Ce fut un grand remueur d'idées et nul doute que le succès de la Réforme dans ce coin de l'Ile-de-France ne fut dû à la haute et décisive influence de son intelligence et de son talent.

Cette parenthèse sur l'état des esprits à l'époque, ne saurait nous faire perdre de vue l'histoire propre de Senteny. Dans ce XVIe siècle, un fief ou plutôt deux fiefs réunis occupent principalement notre attention. Nous en avons dit un mot ci-dessus en abordant le XVe siècle ; il s'agit des fiefs d'Ormoy et de Montanglos. Méry d'Amboise, grand prieur de France, chambellan de Charles VIII, seigneur et châtelain de Centeni, avait demandé au Parlement, en 1497, l'autorisation d'opérer leur saisie féodale. En 1504, le 15 mai, à la requête du même demandeur, la saisie et la main-mise des fiefs de Bigorne, d'Ormoy et d'autres fiefs et arrière-fiefs fut faite par Jean Leroyer, sergent au baillage de Brie-Comte-Robert, en vertu d'une commission du prévôt de Paris. L'examen de ce document nous permet d'établir que ces fiefs appartenaient aux hoirs de Christophle Picot et à Simon Ogier et étaient tenus à ferme par Berthault Thiévart et Michel Braconnier.

C'est probablement à la suite de cette procédure que les fiefs en question passèrent en d'autres mains. Un acte, en effet, dit que, en 1521, Jean Groslier, trésorier des guerres, acquiert de Denis Picot, auditeur du Roy en sa chambre des comptes, le bois taillis dit le *Chêne-aux-Chats*, plus tard le fief du Poirier, assis à Senteny. Mais, comme la même année, une transaction intervient entre le Grand-Prieur de France — c'était alors Pierre de Clayes, successeur immédiat ou très proche de Méry d'Amboise — et la femme du même Groslier, d^{lle} Anne Briçonnet, à propos de la saisie des fiefs d'Ormoy et de Montanglos, il faut en inférer que ces fiefs furent achetés à la succession de Christophle Picot, de même que ceux dont nous parle l'acte de 1521, ci-dessus rapporté ; et cette acquisition devait dater de quelques années, très vraisemblablement de 1504, puisqu'il nous est dit que cette transaction intervient à la suite d'un long procès.

Ormoy et Montanglos ne durent pas demeurer longtemps entre les mains des successeurs de Picot, car dès

1530 — le 16 septembre — une nouvelle saisie féodale était faite, cette fois à la requête de Mahaut Bauldichon, seigneur de Senteny, en vertu d'une décision du bailli du dit lieu, et signifiée à Thiébault Guibert, fermier des dits fiefs et Jeanne Meunier, sa femme.

Il semble, en effet, que des Groslier, ces fiefs aient passé aux mains de la famille Le Genevois. C'est dans ce sens qu'il convient, à mon avis, d'enregistrer la souffrance de fief, accordée en 1551, par Pierre de la Fontaine, vicaire général de Mgr François de Lorraine, grand prieur, à Jean Genevois, écuyer, « tuteur et curateur d'Antoine et Pierre Le Genevois, enfants mineurs de lui et de feüe d^lle Charlotte Polien leur maire à charge... etc. »

D'ailleurs l'un de ces enfants, Antoine, l'aîné, fait l'aveu et dénombrement de ces mêmes fiefs, le 14 octobre 1569, au même Pierre de la Fontaine, « à cause de sa terre et seigneurie de Senteny. » Cet aveu fait devant Carpentier et Noyau, notaires au Châtelet de Paris, dit que les dits fiefs se consistaient en bâtiments, prés, terres, vignes, bois, 16 sols parisis et deux poules de cens, le quart de la voyerie et des rouages et des amendes qui peuvent échoir, 8 sols parisis sur une maison et pourpris du four bannier, le tiers de la grande dime, etc., etc. L'avouant déclarait, en outre, tenir en arrière-fief, du dit prieur, et mouvant des fiefs d'Ormoy et de Montanglos, un autre fief assis à Evry-en-Brie, ou Ivry-en-Brie, dont il disait d'ailleurs n'avoir reçu aucun aveu ni dénombrement. Dans un hommage rendu en 1671, nous voyons que ce fief, mal désigné alors, porte le nom de Villiers.

J'incline à croire que les fiefs d'Ormoy et de Montanglos étaient passés aux Genevois par le mariage de Jean, précité, avec Charlotte Groslier, qui parait être fille de Groslier, trésorier des guerres, bien que l'acte de 1471, sur lequel je m'appuie, orthographie Groslieu au lieu de Groslier (1).

Comment des Genevois les fiefs ci-dessus passèrent aux Gondy? Ceci est plus difficile à établir, car je n'ai trouvé aucune trace de cette mutation. Toujours est-il qu'on retrouve, en 1582, Guillaume de Gondy (2), prenant le titre de seigneur d'Ormoy et de Montanglos. En 1598, une sentence de la Prévôté de Paris condamne Hierosme de Gondy à payer une dîme au chapitre de Saint-Thomas-du-Louvre, à Paris, et les arrérages d'une rente de quatre muids de grains, dûe au dit chapitre. Nous avons ci-dessus vu que cette rente était établie sur la dîme même de Centeny, dont était propriétaire au commencement du XVe siècle, Philippe de Giresme. Un arrêt du 26 novembre 1581 convertit cette rente en 116 livres, 17 sols, 3 deniers.

Il a été dit, quelque part, que Marie de Gondy, héritière de Guillaume, fut mère de Pierre de Gondy, évêque de Paris. Cela paraitra difficile au premier aspect, à moins d'admettre que Antoine de Gondi qui a eu pour fils, Pierre, le seul de ce nom qui ait été évêque de Paris, ait épousé une de ses parentes. Si je relève d'une part une Marie de Gondy qualifiée d'héritière de Guilllaume, en 1582, j'en rencontre une autre en 1684 qui fait, par l'intermédiaire de Pierre Vaury, aveu et dénombrement

____

(1) Toutefois il est à remarquer que, par ailleurs, j'ai retrouvé mention d'un bail, auquel j'ai fait allusion plus haut, consenti par Anne Briçonnet, femme de Jean Genevois, en 1473 (*sic*). Il y a là probablement une confusion qui met la mère au lieu et place de la fille. Peut-être Anne Briçonnet agissait-elle au nom de cette dernière.

(2) Il est à présumer que ce Guillaume de Gondy appartient à la fameuse maison de Gondy ou Gondi qui vint en France à la suite de Catherine de Médicis, comme beaucoup d'autres familles italiennes, mais il n'a rien de commun avec la branche issue de Antoine de Gondi, qui fut maître d'hôtel de Henri II, et d'où sortirent Albert, qui fut créé duc de Retz dont un fils, Jean-François, fut le premier archevêque de Paris (1622) et dont le petit-fils (François-Paul), devint le célèbre cardinal de Retz, si fameux à l'époque des guerres de la Fronde.

des fiefs d'Ormoy et de Montanglos, dont Guillaume était le seigneur. Est-ce la même que la précédente? Cela me parait en somme assez probable. Or, ici Marie de Gondy, qui se donne comme une des dames de la reine mère du Roy (Marie de Médicis), se dit veuve de Léonor de Profaleu, seigneur de Hély ou de Heilly (c'est ainsi que ce nom est orthographié par ailleurs), il en faudrait conclure que son fils ne portait pas le nom de Gondy, à moins d'être issu d'un premier mariage que rien n'autorise à supposer.

Quoiqu'il en soit, ce qu'il faut retenir du passage des Gondy à Senteny, c'est la création d'un nouveau fief, *la Ferme de Gondy* qui devait toucher aux fiefs d'Ormoy et de Montanglos, situés, nous disent les actes originaux de l'époque, entre Marolles et Senteny. Ces fiefs, d'après la topographie admise, seraient aujourd'hui occupés par la ferme de M. de la Perrière, que détient actuellement M. Piot.

Avant de suivre, au cours des siècles suivants, les transmissions de propriété des domaines d'Ormoy, de Montanglos et de la ferme de Gondy, il me parait bon de parler d'autres non moins importants dans l'histoire de Senteny et en particulier du fief des Lions.

De cette seigneurie, il ne reste plus que le parc et les communs qui appartiennent à M. de la Perrière. Comme Ormoy et Montanglos, les Lions relevaient du seigneur de Santeny, c'est-à-dire des chevaliers de l'ordre de Malte. Ce n'est guère qu'en 1531 que je retrouve le nom d'un titulaire de ce fief : c'est Michel Picot, auditeur des comptes qui devait être proche parent du Picot que nous avons vu plus haut détenir les fiefs d'Ormoy et de Montanglos. De quelle famille sortaient les propriétaires de ce fief à la fin du XVIe siècle, c'est ce qu'il serait difficile de dire *à priori*. Je ne les retrouve dans notre

histoire locale que sous le nom patronymique du fief dont je m'occupe. C'est ainsi que j'enregistre, en 1586, un sieur François des Lions, qualifié d'ailleurs de sieur de Thenville, paroisse d'Arainvillers, près Pontoise; vient, vraisemblablement après lui, Jean des Lions, doyen de l'église cathédrale de Sens, puis Jacques des Lyons, sieur du Hazay, et enfin Philippe des Lyons, écuyer, de 1658 à 1686.

Il est à croire cependant que ce fief fut, dans les premières années du XVIIᵉ siècle, partagé. Je relève, en effet, un aveu et dénombrement fait, en 1634, par Pierre Sanguin, écuyer, à Guillaume de Bois-Boudran, grand prieur, de *portion* du fief des Lyons. Cet acte nous dit que le fief comporte un grand corps de bâtiment, pavillon, jardin, bois contenant trois arpents, une motte de bois close de fossés à poisson, jardin contenant deux arpents.

Tous ces fiefs, comme la ferme des Marais ou du grand Marais (1), comme celui de la Motte (2) et celui du Colombier et plus tard celui des Quatre Vents, érigé en fief vers 1647, étaient ou devaient être surtout des établissements agricoles, renfermant toutefois des habitations plus ou moins confortables. La Commanderie, que son nom désigne comme le lieu de séjour des dignitaires

---

(1) Parmi les propriétaires de cette ferme, nous relevons, en 1470, le nom de Guillaume Bonneuil, général des monnaies.

(2) Déjà, en 1292, il est question de ce fief, mais alors il ne devait point être seulement agricole, mais présenter tous les caractères des châteaux féodaux. Il en est parlé dans un acte d'acquisition faite par le trésorier religieux de la Milice du temple sur noble Guillaume Bataille et noble Elisabeth sa femme « d'une maison, qui est appelée la Motte, les fossés, le jardin, tout le manoir et tous les pourpris appartenances et dependances, un four sis au dit Centeni, trois arpens de terre situés proche du bois, chargés chacun d'un minot de telle graine qui croît dessus la dite terre, 79 arpens de bois et friches, etc , etc.

de l'ordre de Malte, pouvait être, dans une certaine mesure, rangée parmi les fiefs dont j'ai parlé.

Mais il n'est pas à nier, toutefois, que Santeny posséda un château-fort, aujourd'hui disparu, mais dont l'existence est prouvée par les documents. Il serait probablement difficile d'en retrouver la trace dans les bois appartenant à M. Hottinguer, qui couvrent son emplacement, mais on peut, par la pensée, reconstituer cette demeure féodale.

On sait — cela a été rapporté par ailleurs — que les habitants de la paroisse, au quinzième siècle, devaient la garde d'un château appelé La Maison-Blanche. Ce château devait être entouré de fossés, puisque Pierre Dumoulin, bailli de Senteny, donne l'ordre au premier sergent de les faire nettoyer et curer par les riverains.

En 1502, le grand-prieur accordant, par bail, le droit de pêche dans la rivière d'Yerres — ce qui indique l'étendue des droits du seigneur de Senteny — à Charles Guildry, pêcheur, stipule que ce dernier devra, deux fois l'an, prêter ses filets pour pêcher dans les fossés du château.

Dans une assemblée des habitants, tenue en 1567, ceux-ci désignent huit d'entre eux pour monter la garde au château. Celui-ci abritait sans doute la justice seigneuriale du lieu, ce qui n'empêche pas, au dire d'un procès criminel, un sieur François Vincent dit Tros Yeux, de voler dans la propre basse-cour du château, des dindons ; sur quoi son procès fut fait et parfait, comme on pense.

La justice seigneuriale avait, à Santeny comme ailleurs, tout l'attirail ordinaire : gardes, prévôt, geôlier, gibet et fourches patibulaires ; il y avait même un poteau et un carcan élevés au grand carrefour du lieu.

Il faut faire un court arrêt sur l'ensemble des indications que je viens de rapidement énoncer, pour se faire une idée à peu près exacte du pays à la fin du XVIe siècle. Ce n'est pas sans intention que je choisis ce point de suspension car il marque, dans le pays en général, et par suite, à Santeny même, une véritable révolution matérielle et morale.

Je ne m'appesantirais guère sur cette dernière, en ayant déjà touché deux mots plus haut, à propos de Charles Dumoulin. Il faut bien dire toutefois que le mouvement des esprits, les modifications profondes que subit la société eurent, ici, leur retentissement comme ailleurs. Cela semble ressortir, dans une certaine mesure, des tiraillements nombreux qui se produisirent à cette époque, pour se perpétuer durant une partie du XVIIe siècle, entre les propriétaires du sol et le seigneur de Senteny qui était, on le sait, le grand-prieur de Malte. Le temps n'était plus, où l'ordre religieux et son représentant, maitres féodaux du pays, jouissaient d'une autorité souveraine et incontestée. Des nobles, des bourgeois, récemment anoblis, d'autres que leurs talents ou leurs œuvres avaient mis en lumière, ne craignirent pas d'entrer en lutte contre les grands-prieurs sans s'entendre, pour cela, beaucoup entre eux. Le peuple, les cultivateurs assistaient à ces guerres intestines qui, pour n'avoir rien de sanglant, n'en étaient pas moins cruelles.

C'est devant la justice que se portaient ces querelles et l'on peut dire que cette époque est remplie de contestations de toutes sortes dont la plupart ont pour origine des refus d'aveux ou dénombrements, d'actes de foi et hommage de vassal à suzerain. Il est même très curieux de voir, dans ce pays, ces multiples tentatives faites pour secouer le joug féodal, probablement parce que ce dernier s'était, sur ce point, exercé avec une certaine âpreté.

Ceci expliquerait assez pourquoi l'ordre de Malte et par suite les Grands-Prieurs furent, en cette occurence, plus particulièrement visés. Le cadre de cette étude ne me permet pas de m'étendre outre mesure sur ces particularités. Mais on se sera déjà aperçu, à propos des fiefs d'Ormoy et de Montanglos dont j'ai parlé, plus haut, avec quelque détail, que les relations féodales étaient considérablement tendues entre les propriétaires de ces fiefs et le seigneur dominant, qui n'était d'ailleurs que le Grand-Prieur en exercice. Les saisies féodales, les procès-verbaux, les actes divers dont j'ai dit quelques mots en passant, le prouvent assez; je mentionnerai, de plus, à ce propos, les lettres que Méry d'Amboise, grand prieur de France, chambellan de Charles VIII, seigneur et châtelain de Centeni, sollicitait du Parlement « à l'effet de faire saisir féodalement et mettre en sa main *tous les fiefs et arrière-fiefs et autres biens nobles mouvant de lui*, à cause de la dite seigneurie de Centeni, à faute d'homme, droits et devoirs féodaux et seigneuriaux non faits, payés et rendus tels que les dits fiefs en peuvent être tenus. » Ce document nous donne bien la preuve de l'état des esprits au commencement du XVIe siècle et le désir d'indépendance qui se manifestait dans le pays, à l'encontre des grands prieurs. Ce sentiment ne put que s'accentuer davantage par la suite.

Ce n'est pas le lieu ici de parler de la politique royale à l'égard de la vieille noblesse, toujours turbulente et toujours prête à la révolte. Cette politique, qui vit son son plein épanouissement sous Louis XIV, consistait à chercher dans la bourgeoisie un appui contre les anciennes familles seigneuriales. De là, pour la Cour, une lente mais sûre poussée de cette bourgeoisie vers la noblesse et vers les titres seigneuriaux. Timide d'abord, ce mouvement qui devait avoir dans l'avenir un immense retentissement, était déjà au XVIIᵉ siècle et plus tard au XVIIIᵉ, un phénomène social dont il est intéressant de jalonner l'histoire. Or, une telle transformation, à une époque où la terre était tout, devait naturellement peser sur les propriétés rurales. Si les bourgeois récemment anoblis se piquaient d'avoir hôtel à Paris, tout comme les grands seigneurs de jadis, ils ne manquaient pas aussi de se donner de belles terres, avec une résidence seigneuriale, imitant de leur mieux les seigneurs féodaux dont leurs aïeux avaient tant souffert, qu'ils avaient longtemps jalousés et dont ils étaient devenus, par la volonté royale, les égaux.

Tout le pays aux alentours de Paris devait se ressentir de cette évolution sociale; il eut été impossible que Senteny, placé pour ainsi dire aux portes de la capitale, grand et important fief à l'origine, échappât à cette évolution qui préparait la Révolution future. C'est là qu'il faut chercher l'accroissement continu de ces terres, d'abord simples cultures soumises à l'inféodation au Grand-Prieur, seigneur du lieu, devenues ensuite fiefs seigneuriaux considérables. Et, l'on comprend que les propriétaires, en prenant chaque jour une importance plus grande, aient émis, avec le développement de leur fortune et le changement de leur situation, des prétentions de plus en plus excessives.

C'est dans ce sens qu'il faut comprendre le mouvement terrien de Senteny aux XVIIᵉ et XVIIIᵉ siècles.

Ainsi nous avons déja vu le grand Prieur, Pierre de la Fontaine, faire défense au « sieur Antoine Genevois, seigneur d'Ormoy et de Montanglos, de prendre le titre de seigneur de Senteny *même en partie* »; plus tard, en 1668, Brocq de Saint-Mars, successeur de Pierre de la Fontaine, fit défense à Marie Arnoult, veuve de Louis de Godron, seigneur des Lyons, de faire déférer les honneurs de l'Eglise à ses officiers. D'un autre côté, le frère Perrot, trésorier de l'ordre de Malte, fit détruire, dans le chœur de l'église de Senteny, un banc qui était la propriété du sieur Nouette, seigneur d'Ormoy.

Pures questions de préséance et d'étiquette, dira-t-on ! Cela est possible, et il est certain qu'à l'heure présente de telles contestations ne peuvent que nous sembler puériles. Mais, pour l'époque, elles étaient d'une importance extrême et leur âpreté, dont on retrouve la trace dans les documents, suffisent à nous éclairer à cet égard.

Au surplus, les difficultés avec les premiers seigneurs de Senteny et les récents anoblis ou leurs successeurs ne se bornaient pas à de telles minuties. La question terrienne et avec elle, celle des dénombrements et aveux, particulièrement épineuse et grave en droit féodal — puisque la non exécution entraînait la saisie des biens du vassal — se dressaient avec ses mille arguties et ses difficultés de toutes sortes.

Nous en avons un exemple dans le procès qui s'engagea entre le grand prieur et un des propriétaires du fief des Lyons. En terminant la revue du siècle précédent, nous avons laissé ce fief aux mains de Jacques des Lyons, sieur du Hazay et même, en partie, en 1634, aux mains de Pierre Sanguin, écuyer. Le 24 avril 1674, Jean de la Guillaumie acquérait ce fief que tenait précédemment un certain Louis de Godron dont nous avons déjà dit un mot et dont nous reparlerons tout à l'heure. A peine le nouveau propriétaire eut-il procédé à l'aveu et dénombrement du fief récemment acheté, que les difficultés commencent entre lui et son haut seigneur, le grand Prieur. Elles débutent par un blâme féodal, daté du 5 juin 1674, signifié par Pierre Bernel, huissier aux requêtes et dressé à la requête de « Nicolas de Boissy, chevalier de l'ordre de Malte, commandeur et SEUL

— le mot a ici toute sa signification — seigneur, haute, moyenne et basse justice, voyer et policier du lieu. » Le Grand-Prieur n'émettait d'autre prétention que d'empêcher La Guillaumie de prendre le titre de seigneur de Senteny, même en partie.

C'est là, pris sur le vif, un exemple de ce que je développais plus haut.

La Guillaumie était d'origine plus que modeste. Il avait été laquais de Ninon de Lenclos. On nous raconte qu'il était assez bien de figure ; que son maintien était grave et composé et qu'il avait toujours l'air d'oublier son état. Son nom patronymique était Guillaume, mais Ninon qui saisissait toutes les occasions de souligner les ridicules ne manqua pas de persifler le Guillaume et l'appela, un beau jour, par dérision, Monsieur de la Guillaumie. Le bonhomme, ainsi anobli par la courtisane, n'y mit pas malice et se laissa désormais appeler de la sorte. Puis quand l'habitude fut prise, Guillaume devint M. de la Guillaumie, gros comme le bras. N'est-ce pas la contre partie de cette épigramme bien connue de Boileau :

> Je sais un paysan qui s'appelait Gros-Pierre
> Qui n'ayant pour tout bien qu'un seul quartier de terre
> Y fit tout à l'entour faire un fossé bourbeux
> Et de Monsieur de l'Isle, en prit le nom pompeux.

Les Guillaumie étaient légion à l'époque, et Boileau, par son épigramme, a fustigé un des travaux le plus commun de ses contemporains.

La Guillaumie, grâce aux grandes connaissances de Ninon de Lenclos, trouva dans les salons de la place Royale (aujourd'hui place des Vosges) de sérieux et puissants protecteurs qui ouvrirent, à notre intrigant personnage, le chemin du Parlement. La Guillaumie mourut secrétaire du Roy en 1685.

On conçoit combien, avec de tels précédents, et une telle fortune, le seigneur des Lyons dût trancher du petit maitre et quels singuliers airs ce laquais ainsi favorisé dût prendre lorsque de vilain, il devint gentilhomme.

Un de ses voisins, seigneur d'Ormoy et de Montanglos, pour ne pas avoir laissé à la postérité un tel vernis de ridicule, ne dût pas moins se montrer raide et cassant pour tout ce qui touchait à ses titres terriens. De là le procès que lui fit, comme il le fit à la Guillaumie, le grand Prieur, que l'orgueil de telles gens devaient certainement irriter.

Par un bizarre concours de circonstances, ces deux parvenus se heurtaient au petit-fils de Henri IV et de Gabrielle d'Estrées, Philippe de Vendôme, qui fut grand Prieur de l'ordre de Malte. Ce prince de souche royale n'avait pas encore subi la disgrâce qui le fit exiler au lendemain de la bataille malheureuse de Cassano, par Louis XIV. C'était au contraire un brillant capitaine qui, à 14 ans, avait fait glorieusement ses premières armes à Candie. On conçoit tout ce qu'il dût ressentir en se trouvant à Senteny aux prises avec un valet anobli par une courtisane, fut-elle Ninon de Lenclos elle-même, et avec un bourgeois fraichement échappé à sa roture. Peut-être l'opposition de ces caractères donna-t-elle quelque aigreur aux procès qui s'engagèrent entre le grand seigneur d'une part et les deux anoblis de l'autre. Les documents qui nous en restent témoignent que durant près de vingt ans les parties luttèrent à coups d'arguments de procédure. Nous ne pénétrerons pas dans les détails fastidieux de ces affaires dont il nous suffit de surprendre les causes et de juger la répercussion sur la société du moment. Il n'est pas en effet d'un intérêt considérable d'apprendre, par exemple, que le grand conseil du roi annula l'adjudication de deux fermes à

Senteny avec 200 arpents et 8 perches et demie. Ce sont là des questions de détail à peu près oiseuses.

Cet arrêt du conseil du roi visait Pierre de la Guillaumie dont nous venons de parler et Etienne Nouette ou Noëtte, conseiller au parlement, lui aussi, et qualifié de seigneur d'Ormoy, de Gondy et de Montanglos. Ce Nouette avait été précédé dans la possession de ces fiefs par Guillaume de Brisacier, écuyer. Ce seigneur, dont le nom rappelle peut-être quelque exploit demeuré inconnu, s'était marié le 31 octobre 1647 avec Renée Guillemain — j'ai trouvé ce nom orthographié *Guillaumie* ce qui laisserait soupçonner quelque parenté avec le personnage dont je parlais plus haut — veuve de François Sanson, trésorier des guerres.

Ce Sanson devait, du reste, avoir des relations de voisinage avec la famille Nouette, car, dans un acte de 1647, il est question de l'érection d'un fief, dit des quatre vents, au profit du dit Sanson. Ce fief consisterait, au dire de l'acte, en un colombier à pied tenant à la veuve Nouette et aboutissant au sieur Sanson.

De cette famille Nouette, je recueille aux actes de l'état-civil une particularité que je note en passant : « A été baptisée, disent les actes de 1656, le Dimanche 23 Janvier, Marie Nouette, fille bâtarde, *non reconnue et non légitime* de Etienne Nouette, greffier de Senteny et de Brigitte Sarrebourg, née le 23 Janvier. »

Il semble toutefois que les Nouette ne possédèrent les fiefs d'Ormoy et Montanglos que vers 1674, car je trouve un aveu et dénombrement fait en 1671 par Jacques de Halus, écuyer, sieur de Gouvelle, et dame Sanson son épouse à Monsieur Boissy, grand Prieur, commandeur du Temple, etc., etc., des fiefs, terre et seigneurie d'Ormoy et Montanglos.

Cette dame Sanson me paraît être fille du Sanson dont

je viens de parler, à propos d'un acte de foy et hommage rendu par Guillaume de Brisacier. François Sanson n'était d'ailleurs, pas seulement seigneur d'Ormoy et de Montanglos; il l'était aussi de la Maison Blanche. Par acte de 1647 « affranchissement avait été accordé par Monsieur Pierre Hénault, marquis de Bussy et Vers, seigneur du petit et grand Pontillault, des fiefs d'Ormoy et de Montanglos, *en partie*, au profit de François Samson, commissaire des guerres de Cent livres tournois de cens, six poulets, six chapons de surcens que le dit seigneur de Bussy avait cy devant droit de percevoir sur la maison et héritage dit de la Maison Blanche, par chacun an et que le dit seigneur *a aujourd'hui converti en fief*, par acte devant le tabellion soussigné en une seule foy et hommage, suivant la coutume de Paris; le dit affranchissement fait moyennant la somme de 625 livres tournois, payés comptant, au moyen de quoi le dit sieur de Bussy a quicté et deschargé le dit sieur Samson des droits de cens etc., etc. »

J'ouvre ici une parenthèse : dans les deux pièces que je viens d'analyser figurent, comme Grand-Prieur d'une part le sieur Boissy, de l'autre le marquis de Bussy. Si semblables que soient ces noms, ils ne sauraient être confondus. Le premier dans différents documents qui se placent vers 1670, 1671, 1674, est désigné ainsi : frère Nicolas de Boissy, Nicolas de Paris-Boissy; le second appartient sans conteste à cette famille des Bussy-Rabutin dont un membre est resté célèbre.

Les archives nous révèlent en effet que le papier terrier de la seigneurie de Senteny fut établi, à cette époque, par Marin, notaire, au profit de Hugues de Bussy-Rabutin, Grand-Prieur de France, seigneur de Senteny. C'était là probablement un frère de Roger de Bussy-Rabutin dont Madame de Sévigné et ses contemporains prisaient si fort l'esprit, et qui a laissé, entre autres œuvres, l'*Histoire amoureuse des Gaules* et une volumineuse correspondance fort curieuse à lire pour se pénétrer des mœurs de l'époque. On sait que Roger de Bussy-Rabutin, fut mis à la Bastille où il resta dix-huit mois pour avoir participé à l'orgie du château de Roissy où, le jour du Vendredi saint, un petit cochon de lait, avait, dit-on, été baptisé. Il serait piquant que le Grand prieur de France habitant un de ses châteaux, Pontillault, voisin de celui de Roissy eût assisté à cette scène qui aurait eu comme héros un de ses parents, son frère selon toutes probabilités.

Hugues de Bussy-Rabutin, le Grand-Prieur de la mémoire duquel je viens de charger un méfait dont il était peut-être personnellement innocent, me fournit une transition toute naturelle pour revenir à Senteny. Par acte du 31 Août 1655, passé devant MM^{es} Gallois et Monnet, notaires, il consent une cession, sans importance du reste, au profit de Louis de Godron, seigneur des Lions. C'est à ce Godron qu'avait succédé la Guillaumie, comme possesseur du fief des Lions.

En 1664, à la suite des difficultés qui s'étaient élevées entre Louis de Godron et Henri Lionne, seigneur de Servon, qui possédait la ferme du Marais ou grand Marais,(1) une transaction fut passée qui nous intéresse.

Le sieur Louis de Godron avait demandé, par requête au juge de Senteny, l'autorisation de faire des fossés de grandeur convenable pour que les eaux y puissent tenir cours, pente et écoulement à l'étang, de son moulin à eau dépendant du fief des Lions. Le juge donna l'autorisation et jalonna le cours des fossés sur le terrain, *en*

---

(1) En 1601, Hiérosme de Gondy, seigneur de Pontillault et de Senteny donne quittance et remboursement à Claude sieur de Chaussey, en Beauce et de Servon en Brie de la somme de 8 écus, 14 sols tournois de rente sur une maison et jardin assis en la ferme du Marais.

présence des habitants. Il fut alors établi qu'à l'avenir et pour toujours l'eau venant de la fontaine Baudelot, appartenant à de Godron, serait conduite à frais communs depuis le réservoir dans la rue Poulin jusque dans la mare qui est dans la cour de la ferme du grand Marais.

J'ai été conduit en examinant rapidement la situation respective des châtelains de Senteny jusqu'au seuil du 18me siècle à nommer la plupart des commandeurs de l'ordre qui se succédèrent à la seigneurie de Senteny. Il manque à cette liste Godechard de Bachevillier qui fut l'un des adversaires les plus résolus des Nouette et des Guillaumie; un de Maupas dont le passage est révélé par les archives sans qu'il soit possible de déterminer la date de son séjour; puis un François de Bryon ou de Brion qui passa à la Commanderie à une époque incertaine. Peut-être ce François de Brion pourrait être regardé comme l'un des fils — il en est un qui porta ce prénom — du célèbre amiral Philippe de Chabot, seigneur de Brion, qui combattit et fut fait prisonnier aux côtés de François 1er sur le champ de bataille de Pavie. La chose serait assez probable si l'on considère que l'amiral de Brion et après lui, sa veuve, furent gratifiés par le roi du domaine de Brie-Comte-Robert. Je signalerai enfin l'existence de l'un des commandeurs du 17me siècle (1680) qui est indiqué par un acte de foy et hommage à lui rendu par dame Elisabeth Longuet, épouse de Me Antoine Jossier, qualifié de ci-devant trésorier des guerres; ce commandeur était Hugues de Fleurigny de Vauvillers.

Au commencement du 18me siècle, vers 1730, la commanderie de Senteny fut donnée au fameux abbé de Vertot, chargé à ce moment, d'écrire l'histoire de l'Ordre. Il est probable que l'abbé de Vertot ne vint jamais à Senteny. Cet abbé eut une vie ecclésiastique assez tourmentée. Après avoir été capucin à Argenton, il obtint la cure de Croissy-la-Garenne, au diocèse de Paris, puis une, dans le pays de Caux et enfin une autre aux portes de Rome. C'est ce que l'on a appelé : les *révolutions* de l'abbé Vertot. Il mourut le 15 Juin 1755.

Après ce commandeur, il se produit un changement profond dans le pays : la seigneurie dominante échappe à l'Ordre de Malte. En 1732, Chauvelin, garde des sceaux, achète à l'ordre la terre de Senteny et avec elle la suzeraineté sur les fiefs d'Ormoy et de Montanglos, dépendant de la dite terre. Chauvelin achetait en outre d'autres fiefs, situés à Senteny, à Macé Picot, notaire et secrétaire du Roy, qui avait épousé Marguerite Bourdin.(1) C'est peut-être le cas de saluer au passage une famille qui ne cessa de se montrer animée des idées les plus libérales. Un des fils de celui que nous voyons arriver à Senteny, quoique chanoine de Notre-Dame, fut un des rudes adversaires des jésuites au temps de la querelle entre cet ordre et les jansénistes. Le neveu de ce dernier, à l'heure de la Révolution, embrassa les idées nouvelles.

Germain-Louis de Chauvelin obtint de Louis XV, vers 1734, l'érection en marquisat, sous le titre de Grosbois, de la terre de Santeny, et de celles de Gros-bois ou Bois-le-Roi, de Villecresnes, de Boissy-Saint-Léger, des fiefs de Cerçay, de Marolles, de la seigneurie de Marolles et de la châtellenie d'Yerres.

En 1736, il acquérait de Pierre Nouette,(2) descendant

---

(1) Marguerite Bourdin, devenue veuve, se remaria avec Michel Gaillard, seigneur de Longjumeau.

(2) Ce Pierre Nouette devait avoir un frère, Louis. Je trouve en effet, en 1736, une quittance pour ouvrages de charronage donnée par Pierrette Brouard à Louis Nouëtte, conseiller au Parlement, seigneur de Montanglos. Cette dernière qualification semblerait indiquer qu'après la mort d'Etienne Nouette, ses enfants se partagèrent les seigneuries d'Ormoy et de Montanglos.

de celui dont j'ai parlé, tout ce que ce dernier possédait de droits sur les fiefs d'Ormoy et de Montanglos, et de Pierre de la Guillaumie la mouvance, censive, rente seigneuriale, haute, moyenne et basse justice appartenant au fief des Lions et la mouvance du fief des 4 vents. Tout cela était réuni au marquisat de Gros-bois. Il resta cependant quelques biens à la Guillaumie; un aveu et dénombrement fourni dans la même année est ainsi conçu : « Aveu et dénombrement contenant déclaration sèche, par Monsieur Nicolas-Pierre de la Guillaumie, conseiller au Parlement, seigneur des Lions, à Monsieur Louis-Germain Chauvelin, marquis de Gros bois, de tout ce qui reste au sieur de la Guillaumie du fief des Lions, consistant en 217 articles de domaine utile et deux parties d'héritage tenues en franc alleu depuis la vente faite par le dit sieur de la Guillaumie à Monsieur Chauvelin le 5 Avril 1736. » Peut-être faut-il chercher une relation entre cette vente et la mort de la femme de Nicolas-Pierre de la Guillaumie, survenue le 10 Avril de la même année. La défunte s'appelait Anne-Charlotte Néret. Un de leurs fils Pierre-François, vendit ce qui restait de la terre des Lions à Charles-Absil de Rhoys. Le second fils de Nicolas-Pierre de la Guillaumie s'appelait Jean-Nicolas. Cette famille semble dès cette époque disparaitre de Santeny.

Ce ne peut être que par erreur qu'il a été écrit que Absil de Rhoys, après avoir acquis le fief des Lions, ou ce qui en restait, de la famille Guillaumie aurait revendu ce même fief à Louis Godron. Il y a là une confusion évidente. Ce Louis de Godron est à coup sûr le même que celui dont j'ai parlé plus haut et qui vivait au 17me siècle. Le château et parc des Lions passa des mains du sieur de Rhoys à la baronne de Fay, née Marie Boutteville, veuve de Maximilien de Vangernay. La preuve en est dans un document de 1782 dans lequel il'est dit, entres autres choses que le sieur Absil de Rhoys se démet du fief ou château et parc des Lions possédé alors par Mme la baronne du Fay. Il est clair que le signataire de cet acte n'aurait eu aucune démission à faire de ce fief s'il eut été en ce moment la propriété du Louis Godron dont on a parlé. Je relève cependant aux archives le nom d'un sieur Jean-Louis Richard, qualifié de seigneur des Lions, Pré neuf et autres lieux, conseiller du Roy, greffier en chef et trésorier honoraire du Parlement qui donne au pays la fontaine portant son nom.

A propos de Louis de Godron, je reproduis cette particularité signalée par M. Buffier.

« Le marquis de Coulanges, chansonnier, ami et cousin de Mme de Sévigné, et dont la femme fut une des plus distinguées du 18me siècle, fréquentait la famille de Godron. Il chanta Santeny, dans une de ses poésies. » (1) Cette particularité prouverait à elle seule que Louis de Godron ne fût nullement propriétaire à Santeny à la fin du 18me siècle, puisque le marquis de Coulanges, né en 1631 est mort en 1716.

Le sieur Absil de Rhoys qui acquit le fief des Lions était gros propriétaire en Normandie, il se disait contrôleur de la bouche du Roy et inspecteur des habil-

---

(1) Le marquis Philippe-Emmanuel de Coulanges mérite bien, à cause des quelques vers qu'il a consacrés à Santeny une courte mention ici. « Toujours aimé, toujours estimé, toujours portant la joie et le plaisir avec lui », tel est, avec ce style, où l'on reconnait Mme de Sévigné, le portrait qu'en fait sa cousine. Cet esprit badin, doué d'une verve agréable, semble fait pour ne s'attacher nulle part. Son portrait qui nous est resté révèle un homme ironique, malicieux, sensuel et « amoureux des franches lippées en joyeuse compagnie ». Aussi, bien qu'investi d'une charge au Parlement, il y siège aussi peu que possible, courant les salons et les châteaux, suivant Lionne (le seigneur de Servon) dans son voyage en Allemagne, jetant les notes gaies de ses chansons en Italie, jusqu'à Rome, où le pape Innocent XII l'accueille avec une charmante bienveillance. (Voir le *Recueil de ses Chansons*, Paris, 1698, 2 vol. in-12.)

lements de troupe. Quoiqu'il en soit la baronne du Fay était propriétaire au moment de la révolution de ce fief qui fut saisi comme bien national. M. de Besse l'acheta à la vente qui en fut faite et fit démolir le château.

Le château des Lions était situé au bas du village près du Réveillon; son entrée était face à la rue du village au Point-du-Jour. Cette entrée se distinguait par une belle grille encadrée de deux pilastres surmontés chacun d'un lion. Il est fort à présumer que le nom donné à ce fief ne vient pas des lions qui figuraient sur ces pilastres, comme on l'a cru et comme on le croit encore. A coup sûr, ces lions n'étaient là que par pure onomatopée. On disait : le fief des Lions, et celui qui entreprit l'érection de la grille et des pilastres ne manqua pas de décorer ceux-ci d'une enseigne parlante qui était en même temps un motif de décoration.

Si comme je le crois, les lions ne figuraient sur ce point qu'à ce seul titre, et qu'ils n'aient pas donné leur nom au fief, on peut se demander quelle pouvait être l'origine de ce nom à tout le moins bizarre. On conviendra aisément que le nom des Lions ne peut en rien rappeller le souvenir, même lointain, d'animaux sauvages de cette espèce. La présence de ces félins sur les bords du Réveillon n'a jamais et en aucun temps été constatée et tout le monde sera convaincu qu'il n'y en a jamais eu, pas plus là qu'ailleurs dans toute la contrée.

J'oserai avancer une origine tout autre. J'écrirai volontiers, par exemple, le nom du fief ainsi qu'il suit *li ons* pour lions. *Li ons* ou *li oms*, ainsi s'écrivait au moyen-âge *les hommes*. *Li* dans la langue de l'époque signifie aussi bien *lui* que *les*, ce dernier mot étant pris tantôt pour le singulier, tantôt pour le pluriel de l'article masculin, employé comme sujet.

On connait cette formule de style funéraire.

Priez pour l'âme de *li* ou priez pour *li*.

C'est-à-dire : priez pour l'âme de *lui* ou priez pour *lui*.

Mais on retrouve, d'autre part, dans les chansons de geste ou dans la littérature qui leur fut contemporaine le mot *li* pour le ou les, *comme sujet*.

Moult sunt *li* crestiens, courouchiez et destrois.

Tel est l'exemple au pluriel.

Li amiral de Cordres et cheli del Larris.

Voici l'exemple au singulier.

Quant au mot *ons*, tout le monde y reconnaitra le substantif *on, om*, au pluriel. *On, om* viennent de *homo*, homme et le mot *on* est resté dans notre langue sous forme de pronom.

Le fief *des li oms*, le fief *de les* hommes ou des hommes, serait devenu par une transcription littérale, le mot n'est pas de trop, le fief des Lions.

Maintenant que peut signifier cette expression : le le fief des hommes ? On sait que les corps mainmortables devaient présenter au seigneur dominant, pour les représenter dans leur propriété, un homme *vivant* ou *mourant*; peut-être faut-il chercher là l'origine du fief des Lions, si l'on admet l'explication qui précède. Je la donne du reste, sans avoir la prétention de l'ériger en article de foi.

M. François Brac de la Perrière, gendre de M. de Besse lui a succédé comme propriétaire du fief des Lions. J'aurai l'occasion de parler du bien considérable que M. de la Perrière, sa veuve et sa famille ont fait au pays.

Le sort du château des Lions avait été quelques années auparavent celui de la Commanderie. Chauvelin qui avait acquis ce dernier fief par échange, en donnant à l'ordre de Malte des biens situés à Paris et à Creil ne voulut pas conservr la vielle bâtisse qui se dressait à

Santeny, rappelant les premiers seigneurs du lieu. Il fit démolir ces bâtiments dont il ne reste plus aujourd'hui que le souvenir, dans le nom de la propriété que je possède.

Il y a intérêt à rechercher ce que fut ce fief des Lions important, sur lequel les données, quand on les parcourt superficiellement, ne laissent pas que de présenter des contradictions déconcertantes, notamment en ce qui touche les propriétaires de cette seigneurie.

Il faut tout d'abord, savoir qu'elle a porté dans le passé un autre nom. On l'appelait Cossigny et ce nom s'orthographiait comme celui du village de Cossigny, aujourd'hui hameau de la commune de Chevry-Cossigny. C'est ce qui résulte d'un aveu rendu le 26 août 1634 et conservé aux archives départementales du département de Seine-et-Oise.

« Aveu rendu par Pierre Bessan de Noiron, seigneur des Lions à M. de Meaux Bois-Boudran, grand prieur de France, seigneur de Santeny, de la moitié du fief, terre et seigneurie des Lions, *anciennement appelé de Cossigny*, à luy adjugé sur Louis Picot. »

Disons, en passant, que cet aveu mentionne comme appartenant au fief, « un moulin à eau avec l'étang et fontaine, clos appelé *le Bigoine*, au lieu et place où souloit estre le vieux pressoir, où il y a à présent une maison de deux travées, aboutissant sur la rue aux vaches. » Un ancien plan des lieux, sans date il est vrai, mais qui selon toute apparence remonte à la fin du XVIIme siècle(1) montre ce moulin (appartenant alors à la Guillaumie) et l'étang qui lui sert de réservoir. Cet étang est alimenté par deux fontaines dont l'une était sur le chemin de Santeny à Brie.(2) Un croquis informe quand au dessin, mais exact en ce qui touche les mentions territoriales

---

(1) Ce plan existe aux archives départementales de Seine-et-Oise.

(2) « M. de la Guillaumie, dit une note en marge du dit plan, a fait fouiller cette fontaine et a rompu par suite le chemin et l'a rendu impraticable; la dite fouille avait été faite pour amener les eaux de la dite fontaine dans l'étang du moulin.»

indiquerait que du temps de M. de la Guillaumie, on aurait conduit dans cet étang les eaux d'une autre fontaine qui se trouvait alors au bas de la terrasse donnant accès « à la maison de M. Hénault » et qui est aujourd'hui la folie Bellanger, dont je parlerai par la suite.

C'est sous ce nom de Cossigny que le 8 juin 1464, « Madame l'Empereur,(1) veuve de Milly, rend aveu à de Gironne, commandeur de Santeny, de ses maisons, jardin, terres labourables, colombier, appellé Cossigny, chapelle avec justice, moyenne et basse, le four bannier de Cossigny avec les droits seigneuriaux. »

Ce fief n'eut pas seulement à changer de nom, ce qui dans l'espèce, déroute les chercheurs qui ignorent ce détail, il se divisa en deux, ce qui laissa la plus grande confusion dans la suite des propriétaires. Cette division date du 18 septembre 1766. Le seigneur des Lions s'appelait à ce moment Louis Richard,(2) il était conseiller du roi et se qualifiait de greffier en chef au criminel et trésorier honoraire du Parlement. Ce Richard érigea par acte passé devant Bioche, notaire au châtelet de Paris, le château et parc des Lions en arrière-fief de son propre fief et seigneurie des Lions. La combinaison n'était pas mal habile; on sent que la noblesse de robe comprenait les affaires. Le trésorier honoraire du Parlement gardait, en effet, pour lui la ferme des Lions source de revenus incontestables, se proposant de vendre le château et le parc, d'un entretien à coup sûr onéreux, à quiconque se laisserait tenter par l'appât d'un titre seigneurial.

Cette petite spéculation sur l'orgueil humain réussit

---

(1) La famille L'Empereur n'est pas une inconnue dans la région. Sous Charles VI un L'Empereur se voit, pour cause de trahison, dépossédé des biens qu'il avait à Ferrières Ce L'Empereur occupait cependant à la Cour une charge importante. Il n'en resta pas moins à Ferrières et dans les environs des représentants nombreux de cette famille et peut-être est-ce un de ses descendants que l'on retrouve, graveur estimé et apprécié à la fin du 18me siècle (1728-1808).

(2) Il convient de rappeller ici que Richard, seigneur des Lyons, fit don au pays de la fontaine du lavoir.

fort bien et le 18 juin 1770, devant le même notaire que dessus, Richard vendait le fief du château des Lions à Rollin, libraire, qui le repassa à un sieur la Fayetière par acte passé devant Durand jeune le 27 juin 1770. Rollin n'avait été probablement qu'un prête-nom ou peut-être avait-il éventé la spéculation de Richard. Quoiqu'il en soit Richard, seigneur des Lions, se faisait, le 30 avril 1774, rendre hommage par la Fayetière, seigneur du château des Lions.

Ainsi s'explique cette dualité — en apparence inexplicable — que présente la seigneurie des Lyons ou des Lions à la fin du 18me siècle. On ne s'étonne plus de voir, en même temps, Absil des Roys et la baronne du Fay, qualifiés tous les deux de seigneur des Lions, alors que rien n'autorise à établir, entre eux, un degré de parenté quelconque. Absil était propriétaire de la ferme des Lions tandis que la baronne du Fay possédait le château et le parc.

Disons, tout de suite, que la dite dame, alors séparée de son mari, avait acquis le fief du château des Lions de M. Jean-Catherine (*sic*) de la Fayetière, chevalier de l'ordre royal et militaire de Saint-Louis et de dame Marie Walpurge de Mulshed, son épouse, par contrat passé devant Aunet, notaire à Paris, le 21 août 1774. La baronne Dufay ou du Fay — car on trouva son nom orthographié des deux manières — était née Marie Boutteville. Elle dut perdre son mari, Maximilien-Robert-Timothée de Vaugermont, baron Dufay, peu de temps après l'achat du fief du château des Lions; ce qui est certain c'est que veuve, elle s'empressa de le louer à bail, avec promesse de vente à Joseph-Joachim Cheveny de la Chapelle, architecte à Paris. Le bail est du 2 janvier 1782, il était consenti pour mille livres annuelles.

Voici en quoi consistait alors le château des Lions, dont il ne reste plus aujourd'hui la moindre trace.

C'était un grand corps de bâtiment, au dire de l'acte précité, couvert d'ardoises et flanqué de chaque côté de deux pavillons aussi couverts d'ardoises. Le tout était élevé de deux étages. Contrairement à l'habitude, l'entrée de ce bâtiment ne semblait pas placée au milieu de la façade.

Le corps du château, nous est-il dit, avec les deux pavillons en faisant partie, était composé d'un vestibule entre cour et jardin, dans lequel se déroulait un grand escalier. D'un côté était la cuisine « dans laquelle est un robinet d'eau de source » avec un office joignant le passage pour aller de la cour au jardin, de l'autre deux grandes salles percées chacune de quatre croisées ayant vue sur la cour et le parterre. Ce passage indique que dans le corps du château était une première salle ayant deux fenêtres sur les façades opposées de la cour et du jardin et que le rez-de-chaussée du pavillon était occupé par une autre salle semblable éclairée de même.

Au premier, le document auquel j'emprunte cette description, présentait, outre plusieurs chambres, un grand salon d'hiver, ayant deux croisées sur la cour et deux sur le jardin et, nécessairement, placé au dessus de la salle du rez-de-chaussée du corps du château.

Il semblerait que les pavillons fussent plus élevés que le corps central du bâtiment, car il est fait mention au dessus de chacun d'eux d'un « grand grenier en charpente de chataignier » probablement mansardé, tandis que le document est muet en ce qui touche le corps du logis.

Ce n'était pas tout : du côté de la ferme et perpendiculairement au château lui-même s'élevaient deux ailes ou deux corps de bâtiments « couverts de thuilles et plus bas que le château ». L'un de ces bâtiments à droite — ce qui après l'observation que j'ai faite ci-dessus, donne la position de la porte d'entrée du château — comprenait : la cuisine, un garde-manger et ses dépendances. Au premier étage, des chambres. Mais ce corps de logis se complétait par un autre de bâtiment, en retour, c'est-à-dire parallèle au château et contenant le logement du jardinier et une écurie, au dessus de quoi était un grand grenier.

De l'autre côté, à gauche du château, un corps de bâtiment symétrique du premier, comprenait, au rez-de-chaussée; un fruitier, un cabinet d'aisance, une chambre à cheminée, une laiterie et en retour, faisant pendant au logement du jardinier, une étable à vaches, deux remises, un poulailler et une basse-cour. Sur ces dernières distributions régnait au premier un grand grenier à foin. Entre ce grenier et le château, au dessus du corps de logis perpendiculaire au château, était une chapelle précédée d'une avant-chapelle « encore en retour » dit le document, ce qui indique aisément que cette avant-chapelle formait le premier étage du pavillon placé de ce côté.

L'ensemble devait former ainsi un carré complet de bâtiments, enfermant une cour où était la basse-cour vraisemblablement. Ce château était situé derrière la ferme des Lions. Une servitude, imposée à celle-ci, l'obligeait à laisser traverser sa cour pour laisser un accès au château. De la ferme à ce dernier une chaussée conduisait à une grille de fer qui donnait accès dans la grande cour du château; celle-ci, pour tout ornement comportait « deux petits gazons ».

Quant au parc, il comprenait cinquante arpents. Il s'y trouvait « un grand canal d'eau courante de deux toises (4 mètres) de largeur environ, un petit canal en face du château et traversant le parterre d'icelui, en plus une pièce d'eau carrée près de la chûte de canal. Il est assez facile de retrouver ces dispositions générales en étudiant le plan cadastral et de se rendre par suite un compte à peu près exact de la position du château, lui-même, d'après la description qui précède.

Une particularité est à signaler. Elle rectifie, en tout cas, la topographie du pays, sur un point spécial, car elle nous apprend que le fief de Rollet n'était point placé où on le croirait d'après le même nom donné aujourd'hui à une des propriétés du pays.

Le parc des Lions comprenait bien cinquante arpents mais il s'y trouvait une enclave de quatre arpents, ce qui réduisait l'étendue du parc à quarante-six arpents.

Cette enclave était le fief du Rollet, qui, dans le parc des Lions, « faisait angle et tenait d'orient à une pièce de pré et à plusieurs pièces de terre, d'occident au surplus de l'enclos, le grand canal du pré aboutissant sur la dite pièce, d'un bout, du midi, au chemin de Santeny à Servon, du septentrion, au rû de Réveillon descendant de Villemenon et allant rejoindre le dit canal. »

. C'est même cette position qui avait soulevé, du côté du Rollet, de longues contestations entre la baronne du Fay et Monsieur, frère du roi.

Sur les quatre arpents qui composaient ce petit fief, il s'en trouvaient trois qui, au dire de Marie-Catherine de Lyonne, veuve de Michel-Archange du Manoir, — on sait que les Lyonne étaient seigneurs de Servon — relevaient de sa mouvance, comme appartenant à sa seigneurie de Servon. La contestation portait sur le droit de chasse relativement à ces trois arpents. Monsieur, frère du roi, pouvait comme seigneur de Santeny, exercer ce droit, sur l'arpent du Rollet dépendant de sa mouvance, la loi féodale lui interdisait de l'exercer sur les trois autres, ce qui mettait les gens du Rollet, eux mêmes, dans une singulière situation. Il fut enfin entendu, le 2 mai 1786, que le Rollet, tout entier, entrerait dans la mouvance de Santeny; le frère du roi gagnait ainsi sa cause, ce qui n'étonnera personne, vu la qualité du personnage.

Le sieur la Chapelle attendait peut-être que cette cause fut jugée pour se rendre acquéreur du château des Lions qu'il tenait à bail avec promesse de vente. Cette dernière eut lieu le 23 décembre 1786.

J'ai dit plus haut qu'il existait dans une des ailes du château une chapelle. La fondation de cette chapelle remontait vers 1692, ce qui permet, approximativement, d'assigner une date à la construction du château lui-même. Il aurait été, dans ce cas, de la seconde moitié du

17me siècle; il est fort probable, en effet, que la Guillaumie qui, le 6 août 1632, fit l'acquisition de la terre et
seigneurie des Lions, des mains du directeur des créan-
ciers de Louis de Godron, édifia ou, tout au moins,
transforma le château.

Je n'ai nulle prétention de faire, ici, le relevé des
terres et biens dépendant de cette importante seigneurie;
mais, puisque je parle de Louis de Godron, j'ajouterai
que son fils, qui portait le même nom que son père,
Louis de Godron, ne fut pas entièrement dépossédé du
fief. En effet, le 31 mars 1646, Claude Sanguin lui vendait
une maison et dépendances faisant partie de la terre et
seigneurie des Lions, moyennant 30.000 livres, et, le 10
mai 1655, Claudine Polan, veuve de Nonivard de la Durandière, cédait à Louis de Godron, la 8me partie du fief
des Lions — *les sept autres parties appartenant à Godron,*
— consistant en une maison et jardin, la ferme *du Plat
d'étain*, moyennant 15.000 livres. Godron était, d'ailleurs,
propriétaire également de la ferme du Beau, suivant un
acte d'inféodation du 28 juin 1658, accordé par le grand
Prieur de Paris, de Boissy. C'est une indication sur
l'étendue du fief des Lions, aujourd'hui disparu, et réduit
à la ferme que tout le monde connait. Mais ce sont là
des mutations qui regardaient le dernier siècle écoulé et
dont je m'occuperai.

Deux autres fiefs ont souvent reparu sous ma plume,
au fur et à mesure, que je consignais les choses du passé.
Ce sont les fiefs d'Ormoy et de Montanglos, presque toujours accolés ensemble. C'est qu'en effet, tous deux se
tenaient territorialement. Ici, encore, il nous faut recou-
rir aux archives départementales pour indiquer l'emplacement exact de ces deux fiefs. Il s'y trouve, en effet, un
plan géométrique, assez sommairement établi, qui fournit leur limite exacte. Ce plan est sans date, mais il paraît être du 18me siècle.

L'emplacement, seul, explique l'origine du nom «Montanglos » donné au fief. Il forme, en réalité, une éminence

qui sépare le rû de Chasselièvre du rû des Saussayes, le premier coulant à l'ouest, le second à l'est du fief, tous les deux, presque parallèlement, du nord au sud et allant se jeter dans le Reveillon qui borde, au midi, le territoire du fief. Si l'on ajoute que celui ci est limitrophe du côté du Chasselièvre, à l'ouest, du territoire de Marolles, le ruisseau coulant entre eux, qu'il est également limitrophe du même territoire de Marolles, du côté du nord jusqu'au « pré Lézard » on se rend compte que sa position dans un angle du territoire de Santeny lui ait fait donner le nom qu'il porte.

Au 18me siècle, le domaine comprenait une maison bourgeoise, avec jardin, cour, basse-cour, granges, écuries, remises, petit bosquet avec jardin, partie en potager, et le tout clos de murs. Devant cette maison se trouvaient *onze* arbres *de décoration* (sic) sur un terrain appartenant à Monsieur, frère du roy, à cause de son marquisat de Gros-Bois.

Dans les dernières années de ce même siècle, en 1751 par exemple, le domaine appartenait à Étienne-Louis Nouette d'Ormoy et à Charles-Marie de Gondy, capitaine d'infanterie au régiment de Provence qui le vendirent à Barthélemy Sorbier, chirurgien-major de gendarmerie de France. Mais Jean-Louis Richard, seigneur des Lyons fut autorisé par arrêt du parlement du 7 juin 1755 à exercer contre cette vente le droit de retrait lignager et fut définitivement mis en possession de ces biens en 1764. Une fille de ce dernier épousa Claude-Théophile Petit de Landeville; une autre se maria avec Simon-Claude-Amable Tubeuf de Blauzat. Propriétaires, par héritage, de Montanglos, ils le cédèrent à Louis-Denis Chachignon, ancien procureur du Châtelet de Paris et à Marie-Marguerite Boisseau, sa femme, le 10 décembre 1779.

J'ignore d'où peut venir le nom bizarre de ce digne procureur, mais il a été dit assez irrévérencieusement à son propos, par M. Buffier, je crois : « Ce nom nous rappelle qu'on dit encore en Bretagne : Oh ! le vilain chachignon, pour taquin, querelleur, hargneux ». Je crois au contraire, pour la mémoire de cet ancien propriétaire de Montanglos, que c'est là un rapprochement sans portée. Je rappellerai uniquement, à son propos, car, ici, il ne saurait ᵛ avoir de difficulté, que Chachignon se trouva en procès avec la baronne du Fay, dame du fief du château des Lions. Il s'agissait de droits honorifiques dans l'église de Senteny. La baronne du Fay entreprit contre le propriétaire de Montanglos, une instance à ce sujet, ce qui laisse supposer que Chachignon s'était arrogé les droits contestés. Quoiqu'il en soit, ce dernier succomba et la baronne put jouir des privilèges qul lui étaient tellement à cœur et que le souffle révolutionnaire balaya peu de temps après.

Le 6 Septembre 1782 les époux Chachignon vendirent leur propriété de Montanglos à Jacques-Laurent Woulfe, chevalier de l'ordre royal et militaire de Saint-Louis, capitaine d'infanterie. Woulfe céda le domaine, le 18 mai 1791 à Léonard Pupil de Moyons et à Louise-Charlotte Loras sa femme qui le laissèrent en héritage aux Charpin de Genetière. En l'an XIII — c'est-à-dire en 1804 — M. Paul-Joseph Guérard Nancède acheta la propriété et la revendit, le 16 mai 1811, à M. Buquet Sainte-Marie, receveur des contributions de Santeny.

Le 13 février 1818, Mᵗˡᵉ Marie-Elisabeth-Sophie Chachignon rachetait le domaine qui avait appartenu à sa famille et le revendit à M. Nicolas-Eloi Coffin. Ce fut ce dernier qui vendit une partie de la maison de Montanglos à M. et Mᵐᵉ de Besse.

Ormoy — lieu planté d'ormes — suivit la fortune de Montanglos. Je m'y arrêterai, un instant, toutefois parcequ'il contenait un lieu dit, le chantier des Saussaies le long du rû de ce nom. Ce ruisseau doit attirer l'attention car il porte plusieurs appellations. Il est dénommé tantôt Ruisseau du pré Lézard, ruisseau des Saussayes, ruisseau de la Fontaine Lioust ou Liost, ruisseau de la Fontaine aux malades, ruisseau des Ladres. Dans plusieurs actes et notamment dans un terrier dressé au 17ᵐᵉ siècle, il est également question, dans des affrontailles de terrain du ruisseau de la Maladrerie qui est évidemment le même que ci-dessus. Il me semble que la conclusion toute naturelle de ceci, c'est qu'il a existé sur ce point ce qu'on appelait une *maladrerie* ou un hopital de lépreux, une léproserie, comme il s'en était créé en beaucoup de points à cette époque où sévissait la terrible maladie de la lèpre.

Le domaine de Gondy qui en 1779 était en la possession de la famille Richard, seigneur des Lions et de Montanglos, passa cette année aux mains de Jacques Absil de Rahis qui était, nous l'avons vu, proprétaire de la ferme des Lions. Le 21 août 1784 Absil le vendit aux époux Buret-Banneville. Le 27 pluviose an V, Mᵐᵉ Barmeville, épouse divorcée de M. Banneville, épouse divorcée de M. Buret, demeura propriétaire du domaine et, par acte du 5 février 1806, passé devant Mᵉˢ Aujubant et Breton, notaires à Paris, le céda à M. et Mᵐᵉ Françoise de Besse.

La ferme des Marais qui, en 1663, appartenait à Henry Lionne, seigneur de Servon, est apparue au cours de ces notes. En 1548, Claude Malier, avait acquis, par échange avec demoiselle Claude Barbador, veuve de maître Guy du Rollet, trésorier de l'artillerie, la ferme du Grand Marais. Ce Claude Malier qui était, alors seigneur du Houssaye, acquit, également par échange, avec Louise du Moulin, femme de Messire Sébastien de Morton,(1) « chevalier de l'ordre du roy, capitaine de la porte et gentilhomme ordinaire de sa majesté, » les terres et seigneuries de Servon et de la Borde-Grappin, par acte passé le 29 janvier 1589 devant le tabellion royal de la prévoté de Corbeil. C'est ainsi que la ferme des Marais devint la propriété du seigneur de Servon. Ce Malier, sieur de Servon et Marguerite Lyonne sa femme donnè-

____

(1) Ce Sébastien de Morton est qualifié de Chabrillant dans un acte de 1578. Il achète, par cet acte, à dame Marie Prudhomme, femme d'Antoine Dubois, sieur de Fontaine, ambassadeur aux Pays-Bas, les Prés neufs ou bois Prudhomme.

aux habitants de Santeny cent écus d'or sol de rente, pour employer une partie aux gages d'un maître d'école *pour l'instruction des enfants* (sic), une autre pour marier tous les ans de pauvres filles et l'autre partie pour habiller six pauvres par an.

Au 17ᵐᵉ siècle elle était appelée le Grand Marais et, nous dit un terrier de l'époque, se consistait en une grande ferme et maison avec vivier, jardin derrière. . . environnée de grands fossés. Ce domaine payait alors, en y comprenant toutes les terres qui le composaient, cinquante sols six deniers de cens au Grand-Prieur de la Commanderie, à raison de huit deniers par arpent. En 1776, la ferme des Marais appartenait à Gibert des Voisins, président du Parlement de Paris et à sa femme, la dame de Merle. Le 30 août de cette même année, ils la vendirent à Monsieur, frère du Roi, qui, le 28 novembre 1790, le céda à Duval du Manoir.

Michel-Archange Duval du Manoir, comte de l'Empire et Charlotte-Aurélie Boisselle de Monville, sa femme, vendirent la ferme des Marais, le 21 juin 1811, à M. Berthier de Wagram, prince de Neufchâtel, vice-connétable de France. Le domaine comprenait alors 92 hectares 79 ares ou 220 arpents à la mesure de 20 pieds. Le 12 juin 1855, à la requête de Madame Plaisance, née Berthier de Wagram, adjudication fut faite, en la chambre des notaires, de la ferme des Marais, au profit de M. Théodore de Besse.

Il me faut dire ici quelques mots d'un fief situé sur la limite du territoire, vers la paroisse de Lésigny, sur laquelle se trouve d'ailleurs une partie de son fonds. Ce fief ou plutôt ces fiefs, car il y en avait deux, se sont présentés à quelques reprises sous ma plume au cours de cette étude. Ils étaient tous les deux, ainsi que j'ai eu l'occasion de le dire, mouvants de la seigneurie de Senteny. L'un d'eux, le fief de Maison-Blanche devait, en outre des droits seigneuriaux habituels, au Grand Prieur, un chien couchant tout dressé, et ce, à toutes mutations, c'est-à-dire chaque fois que changeait le propriétaire du fief. Il se composait, à ce que nous apprenons par les archives départementales de Versailles, de divers bâtiments de maître et de domestiques, de bâtiments à usage de ferme, précédé le tout, d'une cour, basse-cour, jardin-potager planté d'arbres fruitiers de toute espèce, clos de murs, faisant hache rentrante, contenant en totalité, 36 arpents, 70 perches, tenant aux limites du territoire de Lésigny, avec fossés, pont-levis et colombier à pied.

« La totalité de ce domaine, dit une note du document que j'analyse ici, paraît être une emprise sur les bois de la Grande Touffe. »

A ce fief, s'en joignait un autre dit du Harlou. Ce nom seul suffit à nous prouver que les bois de la Grande Touffe, voisins des deux fiefs en question, devaient servir de repaires à des bandes de loups auxquels on donnait la chasse. *Harlou*, anciennement écrit *Harloup*, est un terme de vénérie dont le piqueur se sert pour exciter les chiens courants à la chasse du loup. Harlou n'était composé d'ailleurs que d'un certain nombre d'arpents de bois situés au chantier de ce nom.

Le Harlou devait au seigneur de Senteny trente sols, deux chapons et six poules, payables chacun an à la St-Martin.

En 1640, Maison Blanche appartenait, avec le Harlou, à François Samson, commissaire ordinaire des guerres. Le 17 avril de cette année, devant Bernard, greffier et tabellion de Senteny, Pierre Huault, chevalier marquis de Bussy de Vers, seigneur du grand et petit Pontillault, des fiefs d'Ormoy et de Montanglos et en partie de Senteny, convertit Maison-Blanche en fief, lequel dit le document précité, « se nommera cy-après le fief Samson. »

Quant au Harlou, il avait été érigé en fief par Claude Sanguin seigneur en partie des Lyons et de la Mothe Colombier, devant Marin, greffier et tabellion à Senteny le 22 octobre 1640.

A la fin du 17me siècle, ces fiefs étaient la propriété de Claude Rivière, seigneur de Saussure, sous-brigadier des mousquetaires qui les avait acquis de Denise Bordier, femme de Charles de Vessan, seigneur de Morsan. Mais quoique réunis dans la même main, ils devaient deux aveux différents. Le 26 février 1694, Claude Rivière, faisait aveu, pour la Maison Blanche seulement, à Étienne · Noüette et le 21 février 1697 à Nicolas-Pierre de la Guillaumie, maréchal-des-logis des mousquetaires, pour le Harlou seul.

Demoiselle Françoise Briois, veuve de Nicolas Rivière vendit les deux domaines à François de Massé, lui aussi maréchal-des-mousquetaires, par acte du 15 novembre 1700, passé devant Richard, notaire à Paris. Des mains de Massé, ils passèrent, le 19 décembre 1702, en celles d'Alexandre Bellier, avocat au Parlement et de ce dernier à Charles-François Hervé, écuyer, et sa femme Catherine Mahaut de Thierceville. Ces derniers les vendirent, le 23 novembre 1719 à Nicolas Capet, notaire au Châtelet, qui les céda à Jean-Baptiste-François Longuet chevalier de Saint-Lazare, capitaine de dragons.

Charles-Antoine Baroches, marchand bourgeois de Paris, qui en était devenu propriétaire dans le second quart du 18me siècle, les cède à Françoise-Marguerite Saulnier de la Moizière, veuve de Pierre Philbert Brochet de Saint-Priest, écuyer.

Enfin, en 1781, Jean-Jacques de Bleignot, successeur des précédents rendait foy et hommage, portant aveu et dénombrement des dits fiefs, à Monsieur frère du Roy, duc de Brunoy.

Mais, en 1783, un procès-verbal de bornage fait, le 7 juillet, par devant Lalouette, notaire du duché de Brunoy restreignit la mouvance et la justice de Santeny à l'égard des fiefs de Maison Blanche et fixa la partie mouvante de Senteny à la totalité de l'enceinte comprenant le château, cour, dépendances et le parc, plus quarante arpents de bois à la mesure de 18 pieds 4 pouces par perche, derrière la dite enceinte. Il suffit, je crois, de la longue liste des propriétaires de ce fief, dont l'existence féodale remonte au milieu du 17me siècle pour témoigner de son importance, à défaut de la rapide description qui nous en est resté. Il y avait là un établissement sérieux, un manoir, des logements en assez grand nombre, une ferme et tous ses bâtiments accessoires, une enceinte de murailles présentant un assez grand développement; tout cela a disparu, comme ont disparu le château des Lions, les fiefs d'Ormoy et de Montanglos(1) comme la Commanderie elle-même. Moins fortunée encore que ces fiefs, la Maison Blanche a été complètement démolie; il n'en reste ni vestiges, ni constructions post-existantes. Le souvenir nous est gardé par le nom donné aux bois, au milieu desquels se dressaient le manoir et ses dépendances bois qui appartiennent actuellement à M. Hottinguer, de Boissy-Saint-Léger. Le beau château de M. le baron Hottinguer, à Boissy-Saint-Léger est placé dans une fort belle situation. On y jouit d'un magnifique coup d'œil sur les villages environnants Paris.

Deux domaines, d'origine certes moins ancienne que que les précédents, ont conservé leur importance primitive.

Choigny, celui dont il faut parler le premier par rang d'âge, est encore, entre les mains de M. Pannier, la propriété considérable qui se créa dans le milieu du 18me siècle. Jusque là, la butte de Choigny et les climats environnants, Dixmeresse, Purgatoire, le Poirier Vallé, etc., étaient partagés entre plusieurs propriétaires. Choigny

---

(1) Il n'est pas hors de propos de dire ici que certains fiefs avaient leur chef-lieu, c'est-à-dire leur manoir seigneurial, dans le village même bien que les terres formant le domaine utile de la seigneurie fussent aux alentours. Il en fut ainsi pour Montanglos, Ormoy qni seraient aujourd'hui la ferme de Mme de la Perrière, occupée par M. Piot. Il en était sans doute ainsi du Rollet, ce qui explique que le nom de ce fief se trouve à la fin du 18me siècle donné à un coin du parc des Lions, comme je l'ai prouvé plus haut, et est porté, encore aujourd'hui, par un immeuble qui se dresse dans le village même.

s'appelait aussi le Poirier du bout.(1)

Au 17ᵐᵉ siècle, par exemple; je relève parmi les propriétaires qui se partagent le territoire de Choigny : « Pierre de Bersay, seigneur de Noiron et du fief des Lyons, gentilhomme ordinaire servant du roi, l'un des cent chevaux-légers de la garde de Sa Majesté, capitaine appointé en infanterie, son sergent-major dans le Mont Hélie, etc., etc.(2); Hector de la Jarrie, marchand demeurant à Santeny(3); Louis Dusson, laboureur, demeurant à la Maison Blanche,(4) ayant cause de Marye Nouette, sa femme, auparavant veuve de Germain Mauger; Michelle Mauger veuve de Étienne Nouette;(5) Urban de Navinault « chevalier de l'ordre du roi, gentilhomme ordinaire de sa chambre, conseiller, maître d'hôtel ordinaire de sa majesté la Reine, seigneur de la Durandière de Saint-Mauviers . . . . . . seigneur des Lions(6); » Jean Nottin, maître maçon, bourgeois de Paris demeurant rue de Breta-

---

(1) Il est curieux de constater le rôle que jouent les arbres fruitiers dans la dénomination des lieux dits du terroir de Senteny. On y trouve ; le Poirier du bout, le Poirier Vallé, le Noyer Sainte-Marguerite, le Poirier de Saint-Germain et tant d'autres jusqu'au *Poirier excommunié* !

(2) Pierre de Bersay possédait aussi une maison manable avec grange, étables, bergeries, four, le tout couvert de tuiles tenant aux prés du château de la Commanderie et à la rue du Buau.

(3) Hector de la Jarrie possédait au Grand Carrefour de Senteny, sur la Grande rue, un immeuble qu'il avait acheté à Jean Thuillier. Cet immeuble assez important comprenait une maison et une grange de trois travées couverte de tuiles, des granges et étables couvertes de chaume, le tout bâti autour d'une cour ouvrant sur la rue par une porte cochère.

(4) En 1632, avant que la Maison Blanche fut érigée en fief. Dans le terrier de l'époque, la Maison Blanche est indiquée comme appartenant à la paroisse de Lésigny.

(5) Nous avons rencontré à plusieurs reprises cette famille Nouette devenue une des plus importantes du pays. Elle avait fait alliance étroite avec les Mauger.

(6) Il possédait nne ferme « assize à Senteny, appelée le Plat d'Etain, consistant en maison appliquée en cuisine, chambre attenant, greniers et une grande chambre lambrissée au dessus de la cuisine, grange, volière, étable, bergerie, écurie, toit à porcs, le tout fermé de murailles à l'entour et situé sur la Grande rue de Santeny. Des terres qui accompagnaient la ferme, il en était une contenant dix arpents, en une pièce, assize au dessus du Bordeau et appelée aussi le Plat d'Etain. Le lieu dit le Bordeau (quelque ancienne exploitation agricole isolée) était situé près le Grand Orme.

gne, paroisse de Saint-Nicolas-des-Champs ;(1) demoiselle Marie Grasteau(2) veuve de Frédéric Bérault, avocat
au Parlement.(3)

Je ne cite là que les principaux propriétaires de cette
partie du terroir, devenue le domaine que nous connais-
sons aujourd'hui, et qui çonstitue un des trois écarts du
village. Ce serait vers le milieu du 18ᵐᵉ siècle que ce domaine aurait été acquis par Burette. Il a existé un Pierre-
Jean Burette, né à Paris en 1665, mort en 1747; il fut un
docteur en médecine distingué. Burette fut de plus un
archéologue réputé et ses travaux sur la musique anti-
que figurent avec honneur dans le Recueil de l'Académie
des Inscriptions, dont il fit partie. Est-ce à ce Burette ou
à un membre de sa famille que nous sommes redevables

---

(1) La maison que possédait Nottin à Senteny était située, avec
le jardin attenant, entre la rue allant de Corbeil à Lagny, la Grande
rue et la rue allant à la Croix Jubline. Elle était à deux étages, couverte
de tuiles, comprenant « par bas une cuisine, chambre attenant, petite
cave dessous, deux chambres hautes, garde-robes attenant, greniers
dessus, écuries, étables à vaches, granges, bergeries et autres édifices
le tout couvert de tuiles, avec cour à l'entour des dits lieux et grande
porte-cochère. A côté étaient un clos d'arbres fruitiers et un petit jardin. »

(2) Elle possédait entre la rue aux Vaches et la rue allant de Santeny à Sucy une maison contenant trois travées couvertes de tuiles
« appliquée en salle basse, chambre à côté, deux chambres hautes au
dessus, greniers sur le tout, trois travées de bas logis, c'est-à-dire n'a-
yant qu'un rez-de-chaussée, le tout couvert de tuiles, autres édifices,
cour, fermé de murs, à côté petit jardin également clos de murailles,
un clos fermé de haies vives avec fossés à l'entour contenant quatre
arpents. »

Ce clos aboutissait d'un bout sur la rue aux Vaches de l'autre
sur les prés de la Presle. Une autre maison, appartenant à la même,
contenant deux travées couverte en tuiles avec four et autres édifices
dans une cour fermée de murs, était située entre la rue aux Vaches et
la ruelle allant aux vignes.

(3) Il est probable que Frédéric Bérault était le très proche parent
peut-être le père de Nicolas de Bérault, capitaine de cavalerie, que l'on
trouve sur les registres de l'état-civil tenant sur les fonds baptismaux,
le 7 juin 1657, Marguerite le Tulle, avec Marguerite Arnoult épouse
de Louis de Godron, maître d'hôtel des chasses du Roy et de la
maison de son Altesse Royale. Ce Béraut devait être capitaine dans le
régiment de Granpré, car on trouve, aux actes de l'état-civil, à la date
du 15 mars 1649, mention du décès de « Gilbert de Sergny de la Vallée, gentilhomme et officier dans le régiment de Granpré, *décédé chez
M. de Béraud*, enterré dans l'église devant le crucifix. » On peut supposer que cet officier était en visite chez son ami et son camarade de
corps.

de la création du domaine de Choigny, c'est ce qu'il n'est pas possible de savoir? Quoi qu'il en soit, s'il fut l'homme célèbre dont je viens de parler, il ne démentit pas plus tard ses origines.

Après avoir été la propriété de M. Baron et de M. Cézar qui avait épousé la veuve de M. Baron, Choigny tomba dans les mains du comte Victor-Amédée de Villot, lieutenant-général, commandeur de l'ordre royal de Saint-Louis et de la Légion d'honneur, chevalier de l'Ordre de Saint-Lazare, né à Belfort le 31 août 1757, qui y décéda le 18 décembre 1823.

Après lui, le général vicomte Pierre-Joseph Farine en devint propriétaire. Farine était né à Damprichard (Doubs) en 1770. Il fit toutes les guerres de la République et de l'Empire, se signala particulièrement en Espagne, à la retraite de Moscou, au siège de Dantzig et à Waterloo, où il fut blessé à la tête et eut trois chevaux tués sous lui. La Restauration lui confia l'inspection de la cavalerie, le créa vicomte et finalement le mit en disponibilité. Il mourut en 1833, grand officier de la Légion d'honneur à Santeny. Le général Farine avait épousé Mme Jeanne-Adélaïde-Angélique Sanyé.

Choigny passa ensuite aux mains de l'amiral Pierre-César-Charles-Guillaume, marquis de Sercey, né le 13 avril 1752 près d'Autun, ce marin fit les campagnes de la Martinique, de Saint-Domingue et du Cap, comme commandant la *Surveillante*. Puis il passa dans les Indes, où il battit les Anglais deux fois; en 1799, il débloqua l'Ile-de-France. Retraité en 1804, il reprit du service en 1814. Il mourut vice-amiral et pair le 10 avril 1836.

Les propriétaires suivants furent M. Dupré, Madadame Delâtre et, après elle son gendre M. Delacour. Mme veuve Delacour se remaria avec M. Mouchot qui vendit Choigny à M. et Mme Hébert. M. Alexandre Hébert fut maire de Santeny et mourut le 9 septembre 1896. Après lui, sa veuve vendit la propriété à M. et Mme Pannier. M. Pannier a eu, depuis, la douleur de perdre sa femme.

C'est lui qui habite actuellement Choigny.

Le hameau du Biot ou du Buau ou du Beau est un autre écart de Senteny. Le domaine ne fut pas créé de toutes pièces comme Choigny, mais il fut radicalement transformé au commencement du siècle par l'architecte François-Joseph Bellanger né à Paris en 1744, mort en 1818.

Une particularité locale s'attache à ce hameau. On sait que les registres de l'État-Civil étaient autrefois tenus par les curés. A la Révolution, en 1792, la Convention ordonna que dorénavant les actes de l'État-Civil se feraient à la mairie de chaque commune. A Senteny ce fut le curé Gamas qui, le 4 novembre 1792, cessa ses fonctions d'officier d'état-civil. La première naissance enregistrée à la mairie, le 23 novembre 1792, fut celle d'un enfant du hameau du Beau (le mot est ainsi orthographié sur les registres communaux).

« Thérèse-Alexandre-Marie né le 23 novembre au premier de la République, au hameau du Beau, de Louis-Thérèse, vigneron, et de Anne-Marguerite Chandié, sa mère. »

La déclaration fut reçue par Pierre Lépagnol, maire.

Le hameau du Beau ou du Biau paraît avoir appartenu au 18me siècle et peut-être à la fin du 17me à un sieur Hénaut[1]. Peut-être est-ce un ascendant du Président Hénault (1685-1770) historien connu, membre de l'Académie française et de l'Académie des inscriptions dont la liaison avec Mme du Deffant est restée célèbre.

Quoi qu'il en soit, il existe aux archives départementales de Seine-et-Oise deux plans, dont l'un informe malheureusement sans date, mais dont la facture décèle la façon du 18me siècle, où l'emplacement actuel de l'immeuble de M. Gouffé est occupé par une maison indiquée comme « appartenant à M. Hénault. » Cette maison, telle que nous la représente l'un des plans, for-

---

(1) Dans la chapelle opposée à celle placée sous l'invocation de Notre-Dame, en l'église de Senteny, furent inhumés, en 1737, M. de Henault et Anne Bigot, sa femme.

mait l'angle du grand chemin de Senteny à Corbeil, du chemin de Paris à Senteny et de la rue Poulain perpendiculaire à ces deux dernières voies les joignant au chemin de Brie-Comte-Robert. Dans l'autre plan, cette rue porte même le nom de Grand Chemin de Brie-Comte-Robert.

La propriété Hénault apparait alors comme composée de bâtiments, formant l'angle de la rue Poulain et du chemin de Senteny à Corbeil et d'un jardin faisant l'autre angle de la façade sur la rue Poulain. Les bâtiments présentent une particularité sur laquelle j'insiste parce qu'elle est intéressante pour le passé de ce coin du pays transformé par Bellanger.

La porte d'entrée sur la rue Poulain est placée presque à l'angle du chemin de Corbeil. On pénètre alors, d'après les indications du plan, dans une sorte de cour d'assez grande dimension au fond de laquelle est une murette d'environ 60 à 80 centimètres de hauteur. Cette murette soutient une sorte de terrasse à laquelle on accède par un petit perron de quatre marches qui se trouve exactement en face la porte d'entrée donnant sur la rue. A gauche de ce perron, la murette se creuse, à peu près en son milieu, en une sorte de niche demi-circulaire au bas de laquelle est un petit bassin; une rigole va de ce bassin au mur de clôture qu'elle coupe perpendiculairement. Les bâtiments d'habitation se dressent sur la terrasse; mais on n'y monte que par un perron de quatre marches à double montée et dont le palier se trouve ainsi placé en face du petit perron donnant accès de la cour sur la terrasse.

De la niche dont je viens de parler s'échappe une fontaine qui « se décharge, dit l'un des plans, dans le grand chemin (la rue Poulain). Or, cette fontaine a son intérêt pour la topographie locale. D'après le plus ancien des plans que j'examine ici — celui qui parait avoir été dressé à la fin du 17e siècle — les grands prieurs auraient utilisé cette fontaine pour l'ornementation des jardins

de la Commanderie. Les eaux, en effet, nous sont mon-
trées comme étant dirigées le long de l'extrémité de la
rue Poulain et tournant ensuite dans le chemin de Senteny à Corbeil par un canal qui semblerait avoir été sou-
terrain. Une sorte de réservoir, régulateur sans doute,
placé le long du chemin de Corbeil, en face la rue Poulain recevait les eaux venant de la fontaine Hénault et
les déversait dans l'autre direction. Le plus ancien plan
dit à ce propos : « Grand chemin de Senteny à Corbeil
dans lequel coulaient autrefois les eaux du regard (réservoir) qui formoient un jet d'eau devant le côté du château de Senteny et se degorgeoient dans le fossé, » c'est-
à-dire dans le fossé du château. En effet, l'emplacement
du jet d'eau nous est donné par le plan. Il était placé
dans l'axe de la façade du château qui regarde le Biot,
au delà du fossé.

Cette disposition des lieux changea après 1669. En
effet, le plan indique que la source du Biot, sortant de
la propriété Hénault fut détournée de sa première desti-
nation. Un trait tracé sur le plan joint la fontaine avec
le réservoir du moulin de la Guillaumie, dont j'ai déjà
parlé; au dessus de ce trait, on lit : « Pierrée faite par
les auteurs de M. de la Guillaumie depuis la mort de M.
de Cinq Mars pour détourner les eaux du grand château
et les conduire au moulin. » Or, le Commandeur François de Bracq de Cinq Mars est mort au mois d'octobre
1669.(1) Ce fut donc à la fin du 17me siècle que se fit ce
changement dans la distribution des eaux.

A en juger, bien superficiellement cependant, par
les indications sommaires du plan précité, il semble que
dès cette époque la propriété Hénault fut déjà agréable.
On sait que Bellanger construisit, en 1777 ou en 1779,

____

(1) Registre de l'Etat-Civil de Senteny : « Est décédé François
de Bracq de Cinq Mars, chevalier de l'ordre de Saint-Jean de Jérusalem, commandeur de la commanderie de Beaune et de Saint-Mony,
administrateur de la terre et seigneurie de Centeny pour le Grand
Prieur de France, après en avoir reçu les sacrements aagé de 62 ou 63
ans, le corps duquel a été inhumé au cœur de l'église de Santeny, le
Samedi cinquième du mois d'octobre 1669. »

pour le comte d'Artois, le château de Bagatelle au bois
de Boulogne, presque sur les bords de la Seine.(1)

Sur ses dessins furent construits les abattoirs de
Paris et, en 1802, ce serait lui qui éleva, à la coupole de
la Halle aux Blés de Paris, incendiée, une nouvelle coupole, en fer coulé, couverte de lames de cuivre (2)

Bellanger bâtit au Biot — probablement en utilisant
certaines portions du domaine ancien — une villa remar-
quable par sa construction et la distribution de ses jardins.(3) C'est de cette époque que la propriété Hénault
devint « la folie Bellanger. »(4)

Le Biot appartint ensuite à Françoise-Geneviève,
mariée à M. Roger de Bully, frère du député. Cette dame,
qui s'était remariée avec M. Fournier d'Urille, mourut
le 10 mars 1845 à l'âge de 70 ans. Son fils, Nicolas-
Édouard, né à Paris, en 1806, devenu écrivain réputé,
adopta, dès ses débuts, les théories du romantisme. Mais,
il fut forcé par son oncle de prendre un pseudonyme lit-
téraire et adopta celui de Roger de Beauvoir, du nom
d'une terre possédée par sa mère, en Normandie. C'est
sous ce nom qu'il a signé un grand nombre de romans,
de poésies et de comédies, et qu'il a collaboré à beaucoup de revues et de journaux. Une de ses œuvres, satire
spirituelle, rapporte, sous ce titre *Mon Procès*, sa séparation d'avec sa femme. Cette séparation eut lieu, en 1850,
avec éclat. Mme Roger de Beauvoir était née au château
de Pontkoleck, près d'Hennebon (Morbihan), le 20 octo-

____

(1) Contrairement à tous les précédents les travaux de ce château durent être menés rapidement; le comte d'Artois avait en effet
parié, avec Marie-Antoinette, 100.000 francs que Bagatelle serait construit en deux mois. Il gagna son pari.

(2) Dulaure prétend que ce travail est dû à un nommé Brunet.

(3) Il existe une planche gravée qui en donne le plan général et
deux autres de détails dans le recueil de Krafft. (Paris, 1812, in-f°).

(4) On réprésente Bellanger comme un homme « d'un génie facile
et d'une activité prodigieuse. Né le 10 avril 1744 à Paris, il y mourut
le 1er mai 1818. Il fut commissaire de la Commune au Temple en 1794
et dessina à cette époque, *de visu*, le portrait de Louis XVII. Il a été
inhumé au Père-Lachaise où on a sculpté son portrait sur sa tombe.
C'est le seul qu'on ait de lui.

bre 1823. Elle s'appelait Aimée-Léocadie Doze, fut une élève de Mlle Mars et fut reçue à la Comédie Française en 1839. Actrice, elle fut aussi femme de lettres et écrivit des comédies et des romans. Léocadie Doze mourut le 22 octobre 1859 aux Ternes, à Paris, et fut enterrée au cimetière de Neuilly. Roger de Beauvoir l'avait épousée le 27 janvier 1840; il mourut en 1866.(1)

De ce mariage était issue une fille Marie-Eugénie-Aline Roger de Beauvoir, née le 30 septembre 1847, mais la propriété ne lui resta pas car, dès 1848, elle était aux mains de M. Leroy, auquel succéda sa fille Madame Baudoin.

Le Biot, appartient aujourd'hui à M. Gouffé qui, par suite des nombreuses constructions et améliorations qu'il y a ordonnées, en a fait une des plus belles propriétés des environs.

Il existait à Senteny, en dehors de ces grands domaines, quelques propriétés d'étendue et d'importance moindre et en censive, c'est-à-dire devant un droit d'occupation aux seigneuries et, naturellement, surtout de la Commanderie. Nous avons cité quelques uns de ces propriétaires à propos de Choigny; sans vouloir énumérer tous les autres, on peut en citer quelques uns d'un intérêt particulier.

Je signalerai tout d'abord la fabrique et église Ste-Colombe de Servon qui possédait des terres proche *Bigoine,* aux lieux dits le *Chemin Vert,* le *Moulin à Vent,* les *Grameries;* ces terres payaient deux sols huit deniers parisis de cens, à raison de huit deniers l'arpent. En 1633, leur déclaration fut faite par Aron Thiercelin,(2) « marguillier de l'église, œuvre et fabrique Sainte-Colombe, patronne de Servon, en présence de Claude Ma-

---

(1) Il ne faut pas confondre cette famille avec celle du marquis de Beauvoir, mort en 1870, dont le fils Ludovic, littérateur français fut nommé, en 1876, sous-chef du cabinet de M. le duc Decazes, ministre des affaires étrangères.

(2) Ce Thiercelin était, lui aussi, propriétaire à Santeny.

rin lieutenant, Jean Nouette greffier de justice de Senteny »

La fabrique et église de Saint-Germain de Senteny se déclarait, à la même époque et par l'organe de Germain Le Maistre, jardinier, marguillier de la paroisse, propriétaire de biens assez importants. Ils étaient assis à *Guilarcy*, au *Bois Pourdhomme* (sic) — on l'appelait aussi *Pré Neuf* — à la *Maladrye*, au *Gué Blanchet*, au *Chaux de Grès* — autrement les *Bois Noyers* — *proche le Moulin à Vent, devant le château, près les jardins de Senteny*, le *Noyer Saint-Germain*, la *fosse à la terre*, les *fossés de Mandres*, l'*Orme rond*, le *Bras de fer*, les *Carreaux*, l'*Ormeteau*, vers le *Gros Saux*, le *petit friche*, etc.

La cure de Senteny possédait aussi — en dehors de la fabrique — quelques biens, mais en bien moins grande quantité, à la *Grande Noüe*, au *Noyer au Curé*, au *Noyer Sainte-Marguerite*, aux *pendants devant le château*, au *Grand Rolle* etc. La déclaration qui en est faite par Louis de Journy, prêtre, curé de Senteny, nous fixe également sur l'état de la « maison et lieu presbytéral du dit lieu. » Ce modeste bâtiment contenait « deux travées à bas estage, *couvertes de chaume*, en l'une desquelles il y a une petite chambre haute, faite en galletas, un petit jardin attenant la maison avec une petite cour fermée de murailles, tenant d'une part et d'un bout à l'église et cymetière, d'autre part à la ruelle (le nom est resté en blanc) et d'autre bout à la Grande rue. » A ce petit jardin était attenant une portion de jardin provenant d'un échange fait avec Hector de la Jarrie aboutissant d'un bout sur la ruelle, restée indénommée, ci-dessus.

Il existe aux archives départementales de Seine-et-Oise un plan qui traduit fidèlement la description ci-dessus. Le presbytère orienté de l'est à l'ouest allonge en une manche étroite ses deux travées *à bas estage* entre la cour et le cimetière, présentant un de ses pignons à la Grande rue. L'autre pignon se dresse sur un étroit passage allant de la cour au cimetière et sur lequel s'ouvrait le cellier. Ce cellier s'engageait en partie dans le parallélogramme formant l'église. A sa suite venait la sacristie, de plus en plus engagée dans l'église.

Le cimetière s'étendait, en quart de cercle, à droite du presbytère, contournant la façade ouest et la moitié de la façade sud de l'église. Il avait deux entrées : l'une à côté du presbytère séparant ce dernier de la croix qui touchait le mur d'enceinte sur le carrefour; l'autre face au carrefour. A côté de cette dernière porte et antérieurement au cimetière, existait un petit cul de sac à l'entrée duquel se dressait le *Carcan*.

A gauche du presbytère s'étendait la cour avec un puits au milieu avec le petit jardin indiqué plus haut; on entrait de la grande rue dans cette cour par une porte placée entre les bâtiment du presbytère et l'angle de la ruelle indénommée ci-dessus et qui n'est autre que le chemin allant au bois Poirier et à Gratte-peau. Le jardin acquis par l'échange avec Hector de la Jarrie s'étendait en quart de cercle symétriquement au cimetière, c'est-à-dire embrassant la moitié de la façade nord de l'église et la façade est. On y avait accès par la cour. Une haie vive formant segment de cercle la séparait des propriétés voisines.

Quant à l'église, elle avait deux entrées : une à l'ouest, une au sud. Ces deux entrées étaient reliées extérieurement par un passage couvert, avec vues sur le cimetière, qui s'appelait passage de la procession. La sacristie, dans l'église, était en face l'entrée méridionale et le clocher s'élevait, en une tour carrée, à côté de cette entrée.

Puisque je parle du clocher, je dois dire un mot des cloches. Je trouve aux registres de l'état-civil mention de l'une d'elles.

« Le Lundi, 25 juillet 1763, a été bénie par nous curé, prêtre de Senteny, soussigné, la *seconde* cloche de cette paroisse et nommée *Marie* par très haut et très puissant seigneur, François-Marie Plénève de Mirole, marquis de Saint-Priest et de Saint-Etienne, premier baron de Forest, marquis de Grosbois, seigneur de ce lieu, ministre d'Etat, ancien contrôleur des finances et ancien secrétaire d'Etat, et très haute et très puissante Madame Jeanne-Catherine de Séchelle, dame de Frenac, baronne de la Coudraye, son épouse. »

Des trois cloches qui garnissaient le clocher de l'église deux furent démontées — et parmi elles, celle dont le baptême précède — furent descendues et converties en gros sous. Il en reste une sur laquelle on lit une inscription de 1683, ainsi conçue :

« J'ai été baptisée pour la deuxième fois par Monsieur Bourdeilles, curé depuis 42 ans en cette paroisse. Elle est nommée Germaine-Marguerite par maître Edme Buchon, marchand bourgeois de Paris et damoiselle Marguerite Colignon, femme de Etienne Nouette, seigneur des fiefs d'Ormoy et de Montanglos, conseiller du Roy, greffier de la chambre des comptes. Henri Marin, procureur fiscal, marguillier.(1) »

En face l'entrée du cimetière, ouvrant sur la grande rue, était la porte de la ferme appartenant à l'hospice du Saint-Esprit.

L'hôpital du Saint-Esprit « fondé en Grèves à Paris(2) » était un assez gros propriétaire foncier du pays.

---

(1) Note donnée par M. Pape, curé de Santeny, le 28 novembre 1852.

(2) Cet hôpital fut fondé en 1362 et installé d'abord rue Geoffroy l'Asnier, à Paris. Sous le règne de Charles VI, les administrateurs de l'hôpital acquirent un autre emplacement sur la place de Grève et firent élever en 1406 une chapelle. Mais il fallut prendre une partie de ce dernier édifice pour la construction de l'Hôtel-de-Ville. Par arrêt du 26 juillet 1535, cette emprise fut autorisée sous conditions de réparations et transformations à exécuter à l'église du Saint-Esprit par la ville. En 1611, notamment, furent exécutées les voûtes et le clocher qui les dominait. L'Etoile nous raconte, dans son *Journal de Henri IV*, que le 21 octobre 1596, deux prêtres se prirent de querelle pendant que l'un d'entre eux disait la messe à l'autel de cette église. Ils s'accablèrent d'injures et de coups au grand scandale des assistants. Ce récit assez croustillant sous la plume du chroniqueur ne saurait être reproduit ici.

En 1679, le 23 mai, l'administration de cet hôpital fut réunie à celle de l'Hôpital Général. L'Eglise fut reconstruite en partie en 1747. Sur les vitraux de l'ancienne église. on voyait les portraits de Charles VI et d'Isabeau de Bavière. L'église et les bâtiments de l'hôpital furent

Il n'y possédait pas moins de soixante quatorze pièces de terre, situées, en dehors «des lieux dits» que j'ai précédemment énoncés, au *Bordeau*, au *chemin Cornebous*, à la *Freste de Buot* — nom donné à la *Fosse en terre* — au *Marchais Couillard*, au *pré Férard*, au *bois du Poirier*, aux *Bouillons*, à la *mare Chapelier*, *près la Justice* — qui était placée entre le grand chemin de Paris et le Poirier de Marolles — au *Pailly*, aux *Glaisières*, à *la petite Noüe*, à *Champdignac, proche Boisseau*, à *la Butte*, à *la Jarye*, à *la rue de Fontaine*, etc.

Quant à la ferme, elle se composait de « deux travées de maison, à haut estage, avec ung cellier couverts de thuilles et deux petites estables en apentil couvertes de chaume avec la cour situé sur le carrefour du Grez. » Cette ferme avait été acquise sur Etienne Couillard, ainsi qu'il résulte de la déclaration des maîtres gouverneurs et administrateurs de l'hôpital, en 1632.

Dans cet immeuble, Mme de La Perrière qui n'a jamais cessé de répandre ses bienfaits sur le pays, créa, en 1895, une école maternelle. Cet établiseement, tenu par les sœurs de Saint-Vincent-de-Paul fut autorisé et ouvert le 1er octobre de cette année. On y a réuni tout le confortable voulu et il comprend une crèche, une école enfantine et une école de jeunes filles.

Si, dans la seigneurie de Senteny, un hôpital étranger possédait des biens considérables, la seigneurie elle-même empiétait, à cause d'un hôpital, sur les territoires voisins. C'est de la sorte, et à cause de l'hôpital de Villecresnes que la seigneurie de Santeny — représentée par le Grand Prieur de France, seigneur haut justicier de Senteny — avait des dépendances assez considérables à Villecresnes et à Cerçay. Plusieurs des habitants de ces

démolis en 1798. Sur leur emplacement, on a élevé en 1810 diverses constructions, notamment l'hôtel du préfet de la Seine qui était contigu à l'Hôtel de Ville. Le vestibule et l'escalier de cet hôtel occupaient l'emplacement du chœur de l'église.

L'hôpital du Saint-Esprit fut créé primitivement pour recueillir les orphelins errants à Paris que faisaient la guerre de Cent ans et les guerres intestines qui désolaient alors la France.

localités étaient admis en censive du Grand Prieur, non seulement pour des terres, mais pour des immeubles. Parmi ces derniers, je citerai au 17ᵐᵉ siècle, la famille Boireau dont l'un des membres était à ce moment greffier de la justice de Villecresnes et qui a fourni, je crois un notaire à Brie-Comte-Robert; un sieur Jean Hedouin, écuyer, seigneur de la Court, valet de chambre ordinaire du roi; Gabriel Bolifre, écuyer, seigneur de Voisine, conseiller du roi, lieutenant-général de la prévôté de la cavalerie légère de France, demeurant à Villecresnes.

A Tournan, où la seigneurie de Senteny avait aussi des droits et dépendances, je relève parmi les censitaires du Grand Prieur : Jean Ruault, maître barbier et chirurgien, Guillaume Gueret, marchand boucher.

A Jarcy, également et dépendant en partie de la seigneurie de Senteny, je trouve Marie Chapellier, veuve de Jean Doguet, demeurant à Brie-Comte-Robert et tutrice des enfants mineurs du premier lit de deffunt François Doguet, notaire royal et procureur au dit Brie-Comte-Robert; Marie Meurdrac, femme de Guillaume Brisset, garde des chasses et plaisirs du roi et concierge du château de Gros-Bois pour Monseigneur le duc d'Angoulême.(1)

J'en arrive ainsi, par une pente naturelle, à parler du chef-lieu de toutes ces seigneuries, de toutes ces censives, de toutes ces justices, de cet ensemble féodal embrouillé et enchevêtré au possible. Il en a été question plusieurs fois au cours de ces notes et souvent des noms des seigneurs haut justiciers de Senteny se sont trouvés sous ma plume. Je ne les rappellerai point ici, pas plus que je ne rappellerai l'origine de la seigneurie que les Templiers reçurent probablement en don d'une famille Maréchal, avant eux suzeraine du pays.

Le château ou commanderie que les Templiers élevèrent à Senteny, point vers lequel convergeait toute

____

(1) Fort probablement la sœur de la célèbre Catherine Meurdrac de la Guette, une des héroïnes de la Fronde, née à Mandres et qui a raconté ses aventures dans de curieux *Mémoires*. (La Haye, 1681).

l'organisation judiciaire, administrative, financière et même religieuse du pays était situé presque aux bords du rû de Réveillon ou Revillon.(1) — Il s'élevait sur une motte de terre — comme il était d'habitude — environnée de larges fossés, alimentés en partie, ainsi que nous l'avons vu, par la fontaine du hameau du Biot.

L'esplanade de cette motte, était de forme trapézoïdale. On y avait accès par un pont-levis placé en face le chemin de Villecresnes, qui servait ainsi d'avenue d'entrée. On pénétrait, alors, dans une cour de même forme que l'esplanade et bordée de bâtiments sur trois faces : au sud, à l'ouest, et au nord. Par suite de la forme en trapèze, l'édifice faisant face au nord était le plus petit des trois; c'est celui qui paraît avoir été la demeure seigneuriale. Les bâtiments longeant la face ouest et la face sud devaient être des communs. La façade est devait être simplement protégée par une muraille, au moins semble-t-il qu'il en ait été ainsi, d'après un plan que j'ai trouvé aux archives départementales de Versailles. Le colombier à pied, marque distinctive de toute habitation de haut et puissant seigneur, était placé entre le manoir seigneurial proprement dit et le bâtiment formant le côté ouest de la cour.(2)

---

(1) Je hasarde ici une hypothèse au sujet du nom donné à ce ruisseau. Il me semble voir dans Réveillon ou Révillon, *rivus Villelmi*, le ruisseau ou rû de Guillaume. La transformation de rû Villem ou Vilom en Réveillon n'a rien d'extraordinaire. Le rû de Réveillon ne serait alors qu'une redondance facile à expliquer. Ce qui militerait en faveur de cette hypothèse c'est que sur le ruisseau même est bâti un château, ancien château fort, Willemenon — comme l'orthographient les cartes l'état-major — où il est difficile de ne pas voir *Willelmi dunum*, le lieu fort de Guillaume. Je laisse à d'autres le soin de rechercher quel pourrait être ce Guillaume ?

(2) Il n'est pas hors de propos de faire observer ici qu'aux siècles précédents et à l'époque où la Commanderie était château féodal, les fossés qui l'entouraient (mesurant environ 8 mètres de large d'une berge à l'autre) étaient séparés du Réveillon qui cependant les alimentait par une saignée et dans lequel il se déchargeaient. L'emplacement sur lequel s'élevait le château, ce qu'on appelait le chef-lieu du fief ou de la seigneurie, est resté tel quel et n'a pas été modifié comme forme. Il est resté une île s'élevant au milieu d'une pièce d'eau et sert à l'ornementation du parc de la propriété portant encore le nom de la Commanderie, bien que celle-ci ait complètement disparue.

Tout cela a été rasé et détruit de fond en comble par Chauvelin au 18ᵐᵉ siècle. Il n'en reste plus que le souvenir.

Une ancienne habitation, située de l'autre côté du Réveillon, en face l'ancien château, et qui ne comprenait originairement que deux pièces est devenue, par des agrandissements successifs l'immeuble qui porte aujourd'hui le nom de Commanderie. Son seul titre à cette appellation est de posséder, dans le parc qui s'etend sur sa façade méridionale, l'ile où se dressait autrefois le castel seigneurial et le donjon des Templiers.

Au demeurant, Chauvelin eut peut-être raison. Les Templiers avaient sombré dans le tragique procès qui, au 14ᵐᵉ siècle, fit périr les principaux d'entre eux; l'ordre de Malte, déjà bien amoindri, bien usé, allait laisser ses lambeaux aux orages de la Révolution; ce manoir, ce donjon, ces tourelles, ces vestiges d'un passé anéanti, disparu, pour faire place à la Liberté, n'étaient plus qu'un anachronisme. Et cependant nous en regrettons les ruines si démantelées soient-elles parce que, pour nous, elles n'évoquent pas les souvenirs souvent douloureux qu'y trouvaient nos pères, elles ne sont plus que de l'his toire et un enseignement.

Comme pour les autres propriétés, je juge utile d'énumérer les propriétaires qui se sont succédés à la Commanderie, amputée de son castel, durant le siècle dernier.

Le 4ᵐᵉ jour complémentaire de l'an IX (22 septembre 1803) M. Nicolas Dondeau, juge au tribnnal de la Seine et Mᵐᵉ Françoise Davenne, sa femme, s'en rendirent acquéreurs suivant acte passé devant Mᵉ Baillon, notaire.

Après eux vinrent M. Auguste Maissin, propriétaire et dame Louise-Antoinette Legrand, son épouse qui l'achetèrent aux précédants, suivant acte de Mᵉ Boulard, notaire, à Paris, en date du 20 Thermidor an XIII, (8 août 1805).

En 1811, la propriété est vendue par eux à M. et Mme Mangin.

Le 24 juin 1823, un procès-verbal d'adjudication, dressé par Me Boulard, fait passer la Commanderie des mains de Mme Élisabeth-Florence Billot, veuve de M. Théodore Mangin, demeurant à Santeny, en celles de M. et Mme Capelle, celle-ci née Anne-Suzanne-Louise-Colette-Joséphine Grognat.

Mais le 30 juillet 1831, M. Jean-Charles Capelle, alors directeur des contributions directes du Loiret, demeurant à Orléans, vendit le domaine à Mme Lehman, veuve de M. Payolle, par acte reçu chez Me Leroux, notaire à Brunoy.

Devant le même notaire, à la date du 30 juillet 1848 Mme Anastasie-Clarisse Guillaume, veuve en premières noces, de M. Alexis-Narcis Lehman cédait la Commanderie à M. et Mme Jeanrenaud.

Par acte passé en l'étude de Me Vaury, notaire à Brie-Comte-Robert, le 29 septembre 1857, M. et Madame Daguenet firent l'acquisition de la propriété.

Ils la revendirent le 26 avril 1873, par acte passé devant Me Lamy, notaire à Paris, à M. Jean-Baptiste-Alexandre Leseur, auteur de la présente notice, et Mme Louise-Sophie Leguillette, sa femme.

A l'heure présente, la Commanderie est encore changée de mains, et depuis l'année dernière (1901), elle est devenue la propriéte de M. Barluet.

Nous venons de parcourir rapidement le sort des diverses propriétés de Senteny et, sauf pour Choigny, le Point-du-Jour, et le Biot, nous avons pu constater que toutes ont disparu ou se sont fondues en de nouveaux domaines. A la Commanderie, centre du pays, imposé par la force et par la crainte s'en est substitué un autre, qui s'est établi par des actes de générosité et des marques de bienveillant intérêt pour le pays. J'ai montrés que plusieurs autres fiefs, les Lions, Ormoy, Montanglos, etc, étaient devenus la propriété de M. de Besse.

C'est lui et c'est sa famille qui ont, en réalité, remplacé l'ancien domaine seigneurial de Santeny par un nouveau que l'on peut, à bon droit, considérer comme le domaine moderne du pays.

M. Barthélemy de Besse de la Plante était le fils d'un ancien notaire et procureur à La Rochefoucauld en Angoumois. Son fils, François de Besse, avocat et procureur au Parlement de Paris, devint, comme je l'ai montré, le principal propriétaire de Santeny. Marié à Mlle Jeanne-Adélaïde Hébert, il eut deux enfants, M. Théodore de Besse et Mlle Laure, devenue depuis Madame de St-Cyran.

M. Théodore de Besse — dont le nom s'associe dans la sympathie que lui a vouée le pays à celui de Madame Veuve Elisa de Besse — eut pour fille unique Mademoiselle Amélie de Besse qui se maria à M. Achille-François Brac de la Perrière, ancien lieutenant de vaisseau, chevalier de la Légion d'honneur.

A partir de ce moment le domaine moderne de Santeny est assis; son chef-lieu reste à dresser. M. de la Perrière fait alors (1868) le château d'élégantes proportions et en même temps d'une heureuse hardiesse qui dresse ses clochetons moyen-âgeux dans la vallée, mais sur le flanc du côteau opposé à celui qui portait la Commanderie. De la voie ferrée, de la route de Paris, l'œil s'arrête agréablement sollicité par ce castel d'un cachet élégant et aristocratique qui donne au village un certain air pimpant. La famille de la Perrière ne s'arrêtait pas là. Un soin plus élevé la sollicitait.

J'ai montré ce qu'était le presbytère du village au 17me siècle, une masure à peine habitable; il n'avait assurément pas beaucoup changé lorsqu'éclata la Révolution. Mais la loi du 28 ventôse an IV (18 mars 1796) appliquée par les administrateurs du département de Seine-et-Oise n'en prononça pas moins la désaffection du « ci-devant presbytère « qui, pour les législateurs du temps, restait sans objet, la religion catholique ayant été supprimée. En conséquence, l'immeuble fut vendu, le 5 fructidor an IV (22 août 1796), à M. Charles-Cézard Robin « demeurant ordinairement à Paris rue projettée Choisieul ayant maison de campagne à Chennevières-sur-Marne. »

Mais M. Robin ne tarda pas à vouloir se débarrasser de son acquisition. Il la céda, par acte reçu devant M. Guilbert, notaire à Sucy,(1) à M. Pierre Toulouse et sa femme Geneviève-Nathalie de Beauvais demeurant à Santeny, le 4 floréal an V (24 avril 1797), pour 408 livres. Les nouveaux acquéreurs, n'ayant pas achevé le paiement du prix d'achat convenu, la propriéte passa aux mains de M. Laurent-Charles Pesty, boulanger et de Marie-Henriette Loublié, sa femme, le 13 thermidor an V (10 août 1797).

Cinq ans après, l'ancien presbytère devint la propriété de M. Jacques-Henry Poirier, demeurant à Paris, rue du Pont-aux-Choux division de l'Indivisibilité aujourd'hui rue Amelot 30, (5me jour complémentaire, an X; 22 septembre 1802). M. Poirier l'achetait 4.000 francs. Peut-être le Concordat et le rétablissement de la religion catholique ne furent pas étrangers à cet achat qui a tout l'air d'une très honnête spéculation si on compare le prix de 908 livres pratiqué en 1797 à celui de 4.000 francs payé en 1802. Il faut dire, cependant, à la vérité, que cette somme fut versée en trois paiements, savoir : le 11 vendémiaire an XI (22 novembre 1802); le 11 pluviose an XI (30 janvier 1803); le 16 vendémiaire an XII (9 octobre 1803). Le dernier versement fut opéré par M. Placide-Edme-Claude Roussel, maître des comptes, demeurant à Paris, rue de l'Arbalète, 26.

Cependant en 1811, la commune jugea qu'elle devrait rentrer en possession de son presbytère; la situation de celui-ci, en parti enclavé dans l'église, ne laissait pas que de créer une situation délicate, voire difficile. Mais M. Poirier avait majoré son prix d'achat. Si M. Pesty

(1) Santeny faisait, alors, partie du canton de Sucy.

avait fait une bonne affaire en revendant 4.000 francs ce qu'il avait acheté moins de mille, M. Poirier entendait également réaliser un bénéfice sensible. La commune se décida, en conséquence, à vendre pour 6.400 francs à M. Pascal, de Vernaux, sept hectares, cinquante ares de terres et friches, situés sur le domaine du Buisson, commune de Lésigny, afin d'employer cette somme à l'acquisition du presbytère. L'acte fut passé le 30 juin 1818 par M. de Besse, maire, agissant pour la commune et M. Roussel, dont je viens de parler, qui se portait fort pour M. Poirier.

Cet achat, imposé cependant par les circonstances, n'avait donné au presbytère ni un lustre nouveau, ni une meilleure position. Il n'en restait pas moins, en partie enclavé dans l'église, et bizarrement placé sur sa façade principale.

Le 7 octobre 1838, le Conseil municipal dut voter la somme de 2.506 francs pour réparations à exécuter au cimetière, en conformité du devis dressé par M. Laroche, architecte de l'arrondissement.

Il fallut que M. de Besse, alors maire, s'employa pour obtenir, au moment de l'organisation des cures du diocèse, que Santeny resta paroisse comme elle l'avait été avant la Révolution. La commune de Marolles demandait, pour elle, la cure à réinstaller, dans la pensée que Santeny serait succursale. M. de Besse fit alors parvenir le 22 mai 1808, à l'évêque de Versailles une pétition par l'entremise de M. Beugnot, conseiller d'Etat.

Dans ce document, le Maire faisait observer que Santeny possédait cent feux, tandis que Marolles n'en avait que 45, et que la commune de Santeny était disposée à ajouter au traitement du curé qui lui serait donné une somme égale, qu'il aurait un logement commode avec jardin attenant. De fait une délibération du conseil municipal accorde un supplément de 300 fr. au traitetement du curé (28 juin 1818) qui avait été nommé en 1809.

Voici, d'ailleurs, la liste des curés de la commune depuis 1557.

1557. — Pierre Baillon.
1578. — Jean Le Toulanger.
1632. — Louis Fourny.
1647. — de Bourdelle.
1676. —'Dunet.
1709. — Rousselle, de Rousselle ou le Rousset, le nom est aussi écrit : Brousse.
1732. — Dondal.
1755. — Filatry.
1762. — Prestre.
1780. — Gamas.
1790. — Gaspot.
1809. — Tullot.
1819. — Deschamps.
1821. — Michel.
1822. — Teyrand.
1823. — Dupré.
1824. — Eyckoht.(1)
1842. — Gosse.
1846. — Pape.
1868. — Soulier.
1871. — Bordier.
1878. — Lemay.
1882. — Thevenot.
1889. — Martin.
1892. — Plaimpied.
1898. — M. Ghys.

L'église, la vieille église, car c'est une respectable antiquité que de remonter tout au moins au 15e siècle,(2)

(1) Un singulier et regrettable incident provoqua le départ de M. Eyckoht. Le 23 janvier 1842, M. Jean Léonard, huissier à Boissy-St-Léger lui signifiait son expulsion « lui enjoignant de vider les lieux faute de quoi, si M. Eyckoth n'avait pas satisfait à la sommation dans les vingt-quatre heures, ses effets mobiliers garnissant le presbytère seraient mis dehors et les clefs remises à M. le Maire. »

(2) On lit dans l'histoire du diocèse de Paris par l'abbé Lebeuf : « l'Eglise de Senteny est sous le vocable de Saint-Germain, évêque d'Auxerre. Elle a été apparemment longue à bâtir, car quoi-qu'on re-

était, elle-même, dans un fâcheux état. C'est dans cette très modeste église de village dont la vieillesse quatre fois séculaire laissait de tous côtés apparaître les injures du temps que fut célébré, en 1827, un mariage qui y amena illustre et brillante compagnie. M. Fortuné Bracq, âgé de 28 ans, officier supérieur de cavalerie, officier de la Légion d'honneur et de l'ordre de Saint-Louis, fils de M. Charles-Pierre Bracq, administrateur des domaines, chevalier de la Légion d'honneur, épousait Mademoiselle Constance-Stéphanie Farine, âgée de 18 ans, fille du vicomte maréchal de camp Farine que nous avons vu plus haut propriétaire du domaine de Choigny où il mourut.

Les témoins de cette cérémonie étaient : M. Frédéric Cuvier, membre de l'Académie des Sciences, frère du célèbre naturaliste et naturaliste lui-même; M. Arnault, ancien préfet; M. le comte Edouard de Colbert, lieutenant-genéral; M. Louis Bro, colonel; M. Jean-Augustin de la Motte, capitaine de génie; M. le baron de Berthois chef de bataillon du génie; M. le vicomte Lanjuinais,(1) avocat à la cour d'appel de Paris, fils du célèbre Lanjuinais dont le rôle courageux à la Convention est connu de tout le monde.

Des réparations s'imposaient : le 27 mai 1839, le conseil municipal vota une somme de 3.017 fr. 32, sur le devis de M. Laroche, architecte de l'arrondissement, pour les premières réparations urgentes à exécuter.

Ici encore intervint, avec une générosité inoubliable, la famille de La Perrière. Je consigne ici une déclaration de Madame Veuve de La Perrière, déclaration qui est

---

connaisse dans la construction des piliers du chœur des traces du 13ᵉ siècle, la dédicace n'en fut faite que l'an 1447, le premier août, par Charles, évêque de Mégare et on en célèbre l'anniversaire le dimanche de l'octave de Saint-Germain. . . La tour est un peu basse; elle a beaucoup d'antiquité et est garnie d'une belle et grosse sonnerie. Cette tour a son toit en bâtière. On prétend que cette manière de bâtir et de coiffer les tours ne date que de la Réforme. La voûte de ce monument est un lambris de mérain qui forme l'arc dans la chapelle dite Notre-Dame.

(1) M. Lanjuinais était, alors, propriéiaire du château de Villemain.

une pièce dont doit s'enorgueillir l'histoire locale. Voici cette déclaration :

« Je m'engage à faire à mes frais et terminer, quelle qu'en soit la dépense, les réparations du chœur de l'église de Santeny, suivant le plan de M. Leclerc, architecte. Cette restauration comprenait les voûtes sur deux travées de la nef, la réfection des charpentes du toît sur cette partie, le dallage du chœur et l'installation des autels, stalles, table de communion, la construction d'une sacristie et d'une pièce sur la façade latérale gauche de l'église. »

Cet engagement, daté de 1879, était la consécration d'un vœu émis par M. Achille-François Brac de la Perrière. Ce n'était pas seulement l'église qui devait dans la pensée des généreux châtelains être restaurée ; le presbytère était aussi compris dans le plan de réfection. La disparition de l'ancien presbytère s'imposait, à la fois pour dégager l'intérieur de l'église et pour permettre l'agrandissement de celle-ci.

Les travaux, entrepris, en 1880, furent activement menés et terminés en 1882.(1) Le 29 juillet 1881, jour de la fête de Sainte-Marthe, le presbytère fut béni par M. Alphonse Muret, curé de Brunoy, délégué par Monseigneur Antoine-Paul Groux, évêque de Versailles, en présence des membres de la famille de la Perrière.

Aujourd'hui, la façade nouvelle de l'église agrandie est complètement dégagée et apparait entièrement sur la place publique où était autrefois le cimetière, dont j'ai déjà parlé.(2) Le presbytère, placé maintenant sur la façade nord de l'église entre le chemin du bois du poirier et le monument, du côté opposé au clocher est une

---

(1) Pendant les travaux de restauration de l'église, les reliques de l'église et les archives furent renfermées dans un coffret en plomb et déposées sous le deuxième pilier du chœur près de l'ancienne sacristie.

(2) Le nouveau cimetière est situé sur le chemin de Marolles à flanc de coteau et à quelques centaines de mètres du village. Il est ainsi incontestablement placé dans des conditions meilleures pour la salubrité du pays. Sa disparition a permis en isolant la partie antérieure de l'église de créer une place publique qui a transformé ce coin du pays.

maison sinon luxueuse du moins présentable digne en tous points de son objet.

Les habitants, en reconnaissance des libéralités de la famille de la Perrière ont fait mettre dans l'église une plaque commémorative en son honneur.

Ce récent témoignage de bienveillant intérêt qu'une famille justement honorée et aimée dans le pays n'a cessé de témoigner au pays doit me rappeler que déjà, en 1840 une autre femme de bien fit, au point de vue scolaire, ce que Madame de la Perrière a fait à Senteny.

Madame la duchesse d'Orléans, en 1840, fit exprimer au Maire de la commune l'intention de fonder à Santeny une maison d'école pour les filles, tenue par des sœurs. Elles devaient être chargées d'instruire les jeunes enfants de la commune, de leur apprendre divers travaux à l'aiguille, etc. La duchesse se chargeait de l'entretien des sœurs et de la fourniture du mobilier.

Un détail expliquera cette intervention de la duchesse d'Orléans dans nos affaires communales. L'aîné de ses enfants, le comte de Paris, a eu pour nourrice Madame Fortel, de Santeny.

La duchesse d'Orléans faisait donc au maire de l'époque l'offre ci-dessus, mais à l'égard de l'habitation elle voulait bien contribuer à l'acquisition d'une maison, mais elle ne voulait faire ce dernier sacrifice que dans le cas où la commune voudrait bien y prendre part. Les habitants furent, en conséquence, invités par le maire à contribuer suivant leurs moyens, à l'achat de l'immeuble. Une somme de trois mille francs était nécessaire. Le concours des habitants apporta, sur cette somme, les deux tiers, exactement 1.795 fr. Le restant était fourni par la duchesse.

Sans vouloir blesser la modestie de personne, je crois devoir citer ici, les noms de ceux qui puisèrent dans leur bourse personnelle pour aider à la création d'un établissement utile à toute la population. En voici la liste telle qu'elle se présente dans le document que j'ai sous les yeux :

MM. et Mmes de Besse, Masson, Sanguin d'Évillé, Généras, Pesson, Silvain, Chatelu, Diot, Dumontier, Morisson, Large, Caron, Castel, Chevillon, Cheradame, Chevillon, Dalbergne, Gautier, Martin, Thomas, Landry, Cognat, Trémelet, Hudier, Mazillier, Blasset, Fournier, Hurbier, Duguet, Joffre, Chatelu fils, Desvignes, Tronit.

Jusqu'en 1848. la duchesse d'Orléans, assura, conformément à sa promesse, l'entretien des sœurs. Le coup de tonnerre de février 1848 interrompit subitement ses libéralités. L'événement fut si prompt que ni le conseil municipal, ni le maire, n'avait pu prendre aucune mesure pour subvenir à l'avenir de l'institution; celles-ci abandonnèrent Santeny pour retourner à la maison-mère. Jusqu'en 1884, le pays fut privé de sœurs et d'institutrices.

L'arrêté de nomination d'une institutrice communale (emploi nouveau) porte la date du 16 avril 1884. Il est signé Cottu, préfet de Seine-et-Oise et je fus chargé, comme maire, de son exécution. L'ouverture de l'école spéciale des filles fut donc fixée au 21 avril 1884 et ce même jour fut installée la nouvelle institutrice, Mademoiselle Anna Bourguin.

Cette question d'école me ramène forcément à celle des garçons. Dès 1839, par délibération du 27 mai, le conseil municipal fut appelé à voter une somme de 5.869 fr. 54 pour réparations au bâtiment de l'école communale, d'après le devis estimatif de M. Laroche, architecte de l'arrondissement. En 1849, par décret du Président de la République (28 octobre) la commune fut autorisée à emprunter 3.500 francs, remboursables en sept ans à partir de 1850, afin de payer les dépenses de la maison d'école. Par décision du ministre de l'instruction publique, en date du 30 avril 1851, l'Etat accorda une subvention de 500 fr. pour les travaux de l'école. Ce sont les bâtiments qui furent abandonnés en 1882, date à laquelle je fus appelé, en qualité de maire, à réunir dans le local qu'elles occupent actuellement la mairie et les écoles communales.(1)

C'est ici le lieu de dresser la liste des éducateurs de la jeunesse de Santeny en la faisant remonter aussi loin qu'il est possible.

MAITRES D'ECOLE & INSTITUTEURS

1651. — Pierre Latulle.
1671. — Pierre Baillet, Balli ou Baillif.
1692. — Dosier Maillard.
1693. — Patrice Duigin.
1694. — Pierre Beuger.
1708. — Jean Mulet.
1737. — Charles Génissons.
1773. — Duval.
   »   — Denis-Simon Grandjean.
1784. — Leloup.
1788. — Pierre-François Muzaton.
1793. — François Desroches.
1810. — Goudin.
1822. — Fortel.
1823. — Edm.-Toussaint Piquet.
1834. — Picot.
1854. — Michel Capitaux.
1856. — André Michel.
1859. — Jean-Baptiste Duru.
1875. — Emile Obry, suppléant.
1876. — Obry.
1884. — Martin.
1899. — M. Luce.

---

(1) D'après le plan et devis de M. Thauront, architecte, la dépense de ce transfert s'élevait à 57.710 fr. 15. Mais en déduisant la valeur de l'ancienne mairie, le chiffre des dépenses atteignait en chiffre ronds 53.000 francs. Elles furent couvertes :

> par un emprunt à la Caisse des écoles de 30.000 fr.
> par un emprunt au Crédit foncier de   6.000 fr.
> par un secours du département de   10.000 fr.
> par une subvention de l'Etat de   7.000 fr.

Institutrices

1840 à 1848. — Les sœurs de Saint-Vincent de Paul.

1884. — Institutrice de l'école communale des filles : Mlle Bourguin.

1888. — Institutrice de l'école communale des filles : Mlle Polgi de Montalbert.

1891. — Institutrice de l'école communale filles : Mlle Ribot.

Depuis 1892, l'école communale est devenue mixte.

Ce rapide exposé — j'en ai écarté à dessin les menus détails — nous a permis d'apprécier les sacrifices multiples que tout le monde, particuliers et collectivités, à consenti en vue des établissements scolaires et j'estime que ce n'est point un inutile retour en arrière que de constater le dévouement des uns, la générosité des autres et la sollicitude des diverses administrations communales pour un objet d'un si haut intérêt pour le peuple.

Il faut bien le dire du reste. Dans ce petit pays, de ressources très limitées, ce fut dès que les habitants furent appelés à diriger par des représentants locaux les affaires communales, tout fut fait pour améliorer le pays.

Je crois devoir donner ici, la liste des maires et adjoints qui se sont succédés durant le XIXme siècle à la tête des affaires communales.

An 2.	MM. Burette, Maire Lefebvre, Adjoint.
1815.	Guet, Maire. Boudet, Adjoint.
1826.	De Besse, Maire. Vidal, Adjoint.
1840.	De Besse, Maire. Baron de Catus, Adjoint.
1842.	De Besse. Maire. Blasset, Adjoint.

1842.	De Besse, Maire.
	Dumoutier, Adjoint.
1851.	De Besse, Maire.
	Chatelu, Adjoint.
1859.	Chatelu, Maire.
	Carpentier, Adjoint.
1864.	Brac de la Perrière, Maire.
	Carpentier, Adjoint.
1871. 14 mai	Brac de la Perrière, Maire.
	Carpentier, Adjoint.
1876.	Brac de la Perrière, Maire.
	Guérin Eugène, Adjoint.
1877. 25 février	Brac Jacques, refuse le poste de Maire
	Guérin Eugène, Maire.
	Large Auguste, Adjoint.
1878. 21 janvier	Brac Jacques, Maire.
	Leseur Alexandre, Adjoint.
1881. 27 janvier	Leseur Alexandre, Maire.
	Gautier Antoine, Adjoint.
1884. 18 mai	Brac Jacques, Maire.
	Guérin Eugène, Adjoint.
1887. 11 sept.	Brac démissionn.
	Guérin, Maire.
1887. 25 sept.	Fines Etienne refuse le p. de Maire.
1887. 6 novemb.	Jacquin Jules refuse le p. de Maire.
1888. 30 mai	Brac Jacques, Maire.
	Large Auguste, Adjoint.
1892. 15 mai	Hébert Alexandre, Maire.
	Scourgeon Paul, Adjoint.
1896. 17 mai	Hébert Alexandre, Maire.
	Scourgeon Paul, Adjoint.
1896. 29 octobre	Scourgeon Paul, Maire.
	Large Emile, Adjoint.

1900. 20 mai   Scourgeon Paul, Maire.
        Large Emile, Adjoint.

Je ne parlerai point ici des travaux de détail exécutés à propos de la viabilité publique, mais je crois devoir dire quelques mots d'un assez important travail exécuté en 1865 et 1866 dans la rue du Biot.

Le hameau du Biot, dont j'ai déjà parlé, est un écart de la commune du centre de laquelle il est séparé par un peu plus d'un demi kilomètre. Les communications entre le hameau et son chef-lieu se faisaient et se font encore par le chemin dit de Corbeil, que l'on appelle aussi rue du Biot. Mais autrefois il n'existait pas sur ce chemin de pont pour traverser le Réveillon, sortant de la propriété de la Commanderie.(1) J'ai expliqué déjà que les fossés de l'ancien castel appelé Commanderie alimentés par une saignée faite en amont, au Réveillon, par la fontaine du Biot et autres se déchargeaient dans le Réveillon au dessous de la propriété. Il existe ainsi deux ruisseaux : d'abord, en venant du village le Réveillon proprement, dit ; ensuite le ruisseau de décharge.

Il semblera extraordinaire que jusqu'à la fin du 18me siècle il n'y eût sur ces deux ruisseaux aucun pont pour une voie aussi fréquentée que celle qui les traversent, réunie qu'elle est à la route nationale, jadis le pavé du roi, et au chemin joignant Villecresnes. Il avait été dépensé sur cette partie du chemin du Biot ou du Beau, depuis le passage du gué jusqu'à la route par délibération du 7 juin 1849, une somme de 5.355 francs. Ce n'est en effet

---

(1) Une délibération du Conseil Municipal, en date du 13 mai 1841, est ainsi conçue : « Vu les accidents survenus entraînant la mort d'un homme (on voit combien ce passage était à certains moments dangereux) il est de toute nécessité que pour l'écoulement des eaux sortant de la Commanderie dont le pont à douze pieds dans une partie d'établir une rampe en fer sur une longueur de cent cinquante pieds dans l'intérêt public. La commune n'ayant aucune ressource pour faire face à cette dépense s'impose jusqu'à la somme de trois cents francs pour exécuter ce travail.

que vers 1780, que fut construit un pont franchissant le Réveillon proprement dit. En 1865, on s'avisa de compléter cette réparation et de substituer à la passerelle placée là depuis des siècles probablement, un pont présentant en largeur et en hauteur une ouverture suffisante pour l'écoulement des eaux par les plus grosses crues. La distance (265 mètres) entre les deux ponts devait être remplie par une chaussée en remblai. Cette dernière décision nécessita une convention avec deux propriétaires celui de la Commanderie, M. Daguenet et un autre M. Suchet. Cette convention dûment établie, le conseil, dans sa séance du 22 avril 1866, vota les fonds nécessaires. Le devis s'élevait à 12.500 francs. Les fonds libres de l'exercice courant fournirent 8.000 francs et le complément fut le résultat d'une imposition extraordinaire de 1135 francs annuellement pendant quatre ans. Encore ici M. Brac de la Perrière rendit service à la commune. Il consentit à faire l'avance de cette somme de 4.500 francs sans intérêts.

Un autre travail, non moins utile que le précédent, fut l'installation d'un lavoir public au Beau. La délibération du conseil est du 24 décembre 1883. La dépense totale était évaluée à 4.937 fr. 45, sur lesquels le département accordait 500 francs. Le reste est demeuré à la charge de la commune.

Ces sommes, ces dépenses pour des travaux divers paraitront à beaucoup peu importantes et il semblera qu'il eut été inutile d'en parler. Ce n'est pas mon avis. Après avoir montré les siècles antérieurs consacrés presque uniquement à l'agrandissement de seigneurie et de domaines, après les avoir montrés uniquement consacrés au développement de la richesse et du bien-être de quelques uns, n'était-il pas un devoir de conscience de montrer ce qu'en un siècle unique, la collectivité des habitants réduite à ses propres forces, mais dirigée par des administrateurs consciencieux et zélés, et possédant en son sein des âmes généreuses et bienfaisantes, avait pu faire. Le parallèle s'imposait à mon avis et je ne regrette qu'une chose c'est que le cadre que je me suis tracé ne m'a pas permis de le fouiller d'avantage. Tel qu'il est il comporte, cependant son enseignement et je laisse au lecteur le soin de le tirer.

www.ingramcontent.com/pod-product-compliance
Ingram Content Group UK Ltd.
Pitfield, Milton Keynes, MK11 3LW, UK
UKHW022115070726
13613UKWH00003B/1081